GERLINDE SCHORDING-THIEDE
CHRISTIAN BULLINGER

EINE KULINARISCHE ENTDECKUNGSREISE

UN VOYAGE DE DÉCOUVERTES CULINAIRES À TRAVERS

Elsass • *l'Alsace*

UMSCHAU

INHALT

CONTENU

INHALT

CONTENU

INHALT *CONTENU*

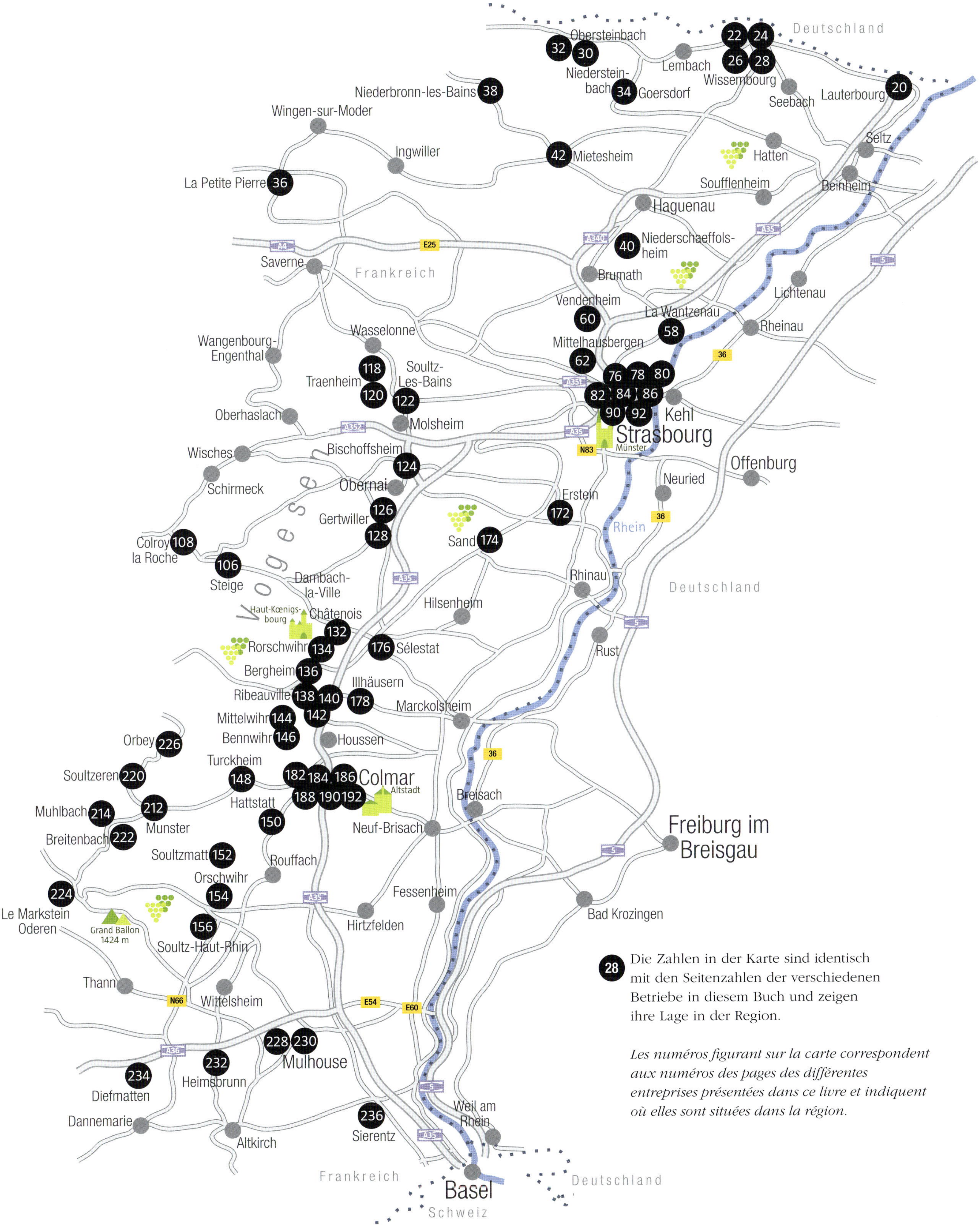

28 Die Zahlen in der Karte sind identisch mit den Seitenzahlen der verschiedenen Betriebe in diesem Buch und zeigen ihre Lage in der Region.

Les numéros figurant sur la carte correspondent aux numéros des pages des différentes entreprises présentées dans ce livre et indiquent où elles sont situées dans la région.

L'ALSACE, LE PAYS DE LA DOUCEUR DE VIVRE

Pour parler d'une vie exquise, les Italiens emploient le terme de « dolce vita ». Les Allemands ont forgé, quant à eux, une belle expression : « heureux comme Dieu en France ». Un excès d'immodestie pourrait parfois nous forcer, nous autres Alsaciens, à penser que ce n'est pas réellement de la France que nos voisins d'Outre-Rhin parlent, mais bien de la région qui leur est la plus proche : l'Alsace.

Il existe, d'ailleurs, quelques arguments raisonnables pour justifier cette hypothèse. L'Alsace cultive l'art de vivre comme une seconde nature. La table alsacienne est généreuse et inventive. On y perpétue des traditions gastronomiques anciennes, mais on consacre également tous ses efforts à inventer, explorer, découvrir de nouvelles saveurs. On ne se refuse jamais rien, pourvu que le bonheur y soit et qu'il côtoie toujours l'excellence.

L'Alsace est ainsi l'une des grandes régions viticoles de France. Mais elle est aussi l'une des grandes régions brassicoles. Quand on regarde une carte de notre continent, on peut aisément dessiner une ligne de séparation entre l'Europe de la bière et l'Europe du vin, c'est-à-dire entre l'Europe du Nord et l'Europe du Sud, le monde germanique et le monde méditerranéen. L'Alsace se situe au point exact de la rencontre et de la confluence. C'est cette situation géographique exceptionnelle qui fait de l'Alsace une terre de gastronomie et de plaisirs à nulle autre pareille.

Cet ouvrage vous permettra de découvrir les meilleurs professionnels de notre région. Leur nom, souvent réputé bien au-delà des limites de notre région, est synonyme de qualité, d'excellence et, tout simplement, de bonheur. C'est une invitation à partager ce bonheur simple et rare que nous vous lançons ici. Venez découvrir l'Alsace, l'autre pays de la douceur de vivre.

Philippe Richert
Président du Conseil Régional d'Alsace
Ancien ministre

DAS ELSASS, LAND DES SÜSSEN LEBENS

Wenn Italiener von einem paradiesischen Leben sprechen, verwenden sie den Ausdruck „dolce vita". Die Deutschen haben ihrerseits die schöne Redewendung „leben wie Gott in Frankreich" geschaffen. Aus lauter Eitelkeit könnten wir Elsässer manchmal versucht sein zu glauben, dass unsere Nachbarn jenseits des Rheins damit eigentlich nicht Frankreich meinen, sondern die Region, die ihnen am nächsten ist, das Elsass.

Es gibt allerdings einige vernünftige Argumente, die diese Hypothese unterstützen könnten. Das Elsass pflegt seine Lebensart wie eine zweite Natur. Die elsässische Küche ist großzügig und einfallsreich. Alte gastronomische Traditionen werden hier bewahrt, man ist aber ständig bemüht, neuen Wohlgeschmack zu erfinden, zu erforschen und zu entdecken. Alles ist erlaubt, solange es Freude macht und zur Vollkommenheit führt.

Das Elsass ist eines der großen Weinanbaugebiete Frankreichs, aber auch eine der großen Bierbrauregionen. Betrachtet man die Karte unseres Kontinents, kann man mit Leichtigkeit eine Trennlinie zwischen dem Europa des Biers und dem Europa des Weines erkennen, nämlich zwischen Nordeuropa und Südeuropa, der germanischen Welt und der mediterranen Welt. Wo diese beiden zusammentreffen, genau da liegt das Elsass. Und diese außergewöhnliche geographische Lage macht das Elsass zu einem Land der Gastronomie und des Genusses ohnegleichen.

Dieses Buch wird Ihnen ermöglichen, die Meister ihrer Zunft aus unserer Region kennenzulernen. Ihre Namen, die sehr oft über die Landesgrenzen hinaus bekannt sind, stehen für Qualität, Vortrefflichkeit und ganz einfach für Glück. Hiermit laden wie Sie ein, dieses einfache und einmalige Glück mit uns zu teilen. Kommen Sie und entdecken Sie das Elsass, das andere Land des süßen Lebens.

Philippe Richert
Ministerpräsident des Elsass
Minister a.D.

DAS NORDELSASS

Der Naturpark der Nordvogesen

Der Norden des Elsass erstreckt sich von Straßburg bis nach Weißenburg im Nordosten und bis nach Saverne im Südwesten. Westlich von Weißenburg bis nach Lothringen hinein beginnt das Gebiet des 1976 gegründeten Naturparks der Nordvogesen.

Die reizvolle Mittelgebirgslandschaft mit ihrer höchsten Erhebung, dem großen Winterberg in der Gemeinde Niederbronn-les-Bains, und ihren zahlreichen Tälern wurde 1989 von der UNESCO zum Biosphärenreservat erklärt. Da im Norden das Gebiet des Naturparks über die Staatsgrenze hinaus verläuft und seine Fortsetzung jenseits der Grenze im Naturpark Pfälzer Wald findet, wurden im Jahr 1998 die beiden Naturparks unter der Schirmherrschaft der UNESCO zum grenzüberschreitenden Biosphärenreservat Pfälzerwald-Nordvogesen zusammengefasst. Seine ausgedehnten Buchen-, Eichen-, Kiefern- und Fichtenwälder bilden das größte zusammenhängende Waldgebiet Mitteleuropas und sind Heimat von Luchs, Wildkatze und Hirsch. Auf Hügeln und Bergkuppen charakterisieren eigenwillig zerklüftete Felsformationen, Burgen und Ruinen das vorwiegend aus Buntsandstein bestehende Mittelgebirge. Burgruinen wie Fleckenstein, Wasigenstein, Wineck, Schoeneck und Lutzelhardt fallen ins Auge. Sie alle zählen zum Stolz des Nordelsass.

Die Region um Hagenau, das Hanauer Land, ist ein wohlhabendes, fruchtbares Bauernland mit charakteristischen Hopfen- und Tabakkulturen. Darüber hinaus ist es für seine authentischen Dörfer mit stattlichen Fachwerkhöfen bekannt. Außergewöhnliche Fachwerkschönheiten sind in den Orten Seebach, Hunspach, Hoffen und Hohwiller zu sehen, deren historischer Ortskern unverfälscht erhalten geblieben ist.

Die Töpferdörfer Betschdorf und Soufflenheim gelten als Zentren elsässischer Töpferkultur. Entlang der Durchfahrtstraßen und ringsum reiht sich eine Keramikwerkstatt an die andere. In Betschdorf begannen ab Mitte des 18. Jahrhunderts Töpfer aus dem Westerwald mit der Produktion des grauen, blau bemalten Steinguts. Die bunten Tonwaren aus Soufflenheim werden mit volkstümlichen Blumen und geometrischen Mustern verziert.

Sessenheim mit seinen malerischen Fachwerkhäusern ist das Städtchen, wo einst Johann Wolfgang Goethe im gastfreundlichen Haus der Pfarrersfamilie Brion sich wohlfühlte. Die kurze, nachhaltige Verbindung zu Friederike fanden Niederschlag in seinen Werken Dichtung und Wahrheit und Faust. In der Sessenheimer Kirche ist heute noch der Familien-Pfarrstuhl zu sehen, wo Goethe und Friederike der Predigt von Pfarrer Brion lauschten. Lohnend ist der Besuch im gegenüber der Kirche liegenden Privat-Museum des Restaurants Au Boeuf, das mit zahlreichen Zeugnissen und Erinnerungsstücken überrascht.

Der Hagenauer Forst ist mit seinen mehr als 20 000 Hektar das sechstgrößte Waldgebiet Frankreichs. Es durchquert fast die gesamte elsässische Ebene vom Rhein bei Seltz bis zu den Anhöhen der Vogesen und besteht vorwiegend aus über 100-jährigen Eichen, Buchen und Fichten. Dieser Forst, auch der Heilige Forst genannt, ist der alte Königsforst, der wohl deswegen heilig genannt wurde, weil er Besitz der Kaiser des heiligen Römischen Reiches Deutscher Nation gewesen ist. Zudem umgab ihn ein Kranz von Klöstern und Abteien, von denen heute noch Kloster Walburg und Surburg erhalten sind.

Die Kunststadt Hagenau

Hagenau ist die viertgrößte Stadt des Elsass und hat eine große Geschichte. Schon seit frühester Zeit war die Gegend um Hagenau besiedelt. Davon zeugen noch heute die vielen Hügelgräber im Hagenauer Forst. Funde aus diesen Gräbern weisen auf eine eisen- und bronzezeitliche Besiedlung hin. Im Historischen Museum in Hagenau sind diese Exponate zu sehen. Kaiser Friedrich Barbarossa ließ das ehemalige Jagdschloß seines Vaters, Friedrich, Herzog von Schwaben und des Elsass zur kaiserlichen Pfalz ausbauen. In ihr wurden zur Zeit der Hohenstaufen die Reichskleinodien verwahrt.

L'ALSACE DU NORD

Le parc naturel et les Vosges du Nord

Le Nord de l'Alsace s'étend de Strasbourg à Wissembourg au nord-est et à Saverne au sud-ouest. Le Parc Naturel Régional des Vosges du Nord qui s'inscrit dans un triangle Wissembourg-Saverne-Volmuster a été fondé en 1976. En 1989, l'UNESCO lui a attribué le rare et prestigieux label de Réserve Mondiale de Biosphère, label qu'il partage avec son équivalant allemand du Pfälzerwald qui prolonge le parc vosgien au-delà de la frontière entre les deux pays.

Le Parc Naturel Régional des Vosges est une région montagneuse d'altitudes moyennes dont le point culminant est le Grand Winterberg situé dans la commune de Niederbronn-les-Bains. On y trouve de nombreuses petites vallées dont la flore et la faune sont exceptionnellement riches. Ses immenses forêts de hêtres, de chênes, de pins et d épicéas forment la plus grande région montagneuse d'un seul tenant du Centre de l'Europe et abritent de nombreux animaux rares comme des lynx, des chats sauvages et des cerfs. Les rochers, les châteaux forts et les ruines perchés sur les collines ou au sommet des montagnes sont caractéristiques des Vosges moyennes. Les ruines des châteaux de Fleckenstein, Wasigenstein, Wineck, Schoeneck et Lutzelhardt sont un plaisir pour les yeux et font la fierté de l'Alsace du Nord.

Les environs de Haguenau, le discret pays de Hanau, est une région agricole fertile et prospère où on cultive le houblon et le tabac. Il est connu pour ses villages dont le cœur historique est resté intact et ses superbes maisons à colombage dont on peut voir d'exceptionnels exemplaires à Seebach, Hunspach, Hoffen et Hohwiller.

Les villages de potiers de Betschdorf et de Soufflenheim passent pour être le centre de l'art de la poterie en Alsace. Le long des routes qui traversent ces villages et dans les villages eux-mêmes, les ateliers de poterie s'alignent les uns à côté des autres. Des potiers du Westerwald ont commencé dès la moitié du XVIIIe siècle à produire des objets en grès gris. Les produits de Soufflenheim sont ornés de motifs floraux ou géométriques bleus.

La petite ville de Sessenheim n'est pas seulement célèbre pour ses splendides maisons à colombage mais aussi pour le souvenir que Goethe y a laissé. Ce dernier avait trouvé une chaleureuse hospitalité dans la famille du pasteur Brion et des lieux amoureux s'étaient noués avec la fille du pasteur, Frédérique. L'idylle a été de courte durée mais le grand poète l'a relatée dans son autobiographie Poésie et Vérité et dans Faust. Dans l'église de Sessenheim, on peut encore voir les prie-Dieu de la famille Brion où Goethe et Frédérique écoutaient sagement les sermons du pasteur Brion. En face de l'église, le musée Goethe du restaurant Au Bœuf surprend par le nombre et la valeur des objets exposés.

La forêt de Haguenau a une superficie de plus de 20 000 hectares ce qui fait d'elle la 6e forêt de France. Elle traverse presque toute la plaine d'Alsace du Rhin à Seltz jusqu'aux sommets des Vosges. C'est une région exceptionnelle protégée et classée en zone protection spéciale. Elle abrite de nombreuses espèces forestières et en particulier des variétés rares de chênes, de hêtres et d'épicéas. La forêt de Haguenau était autrefois une réserve de chasse, propriété de l'Empereur du Saint Empire Romain Germanique et c'est la raison pour laquelle, dit-on, qu'elle est aussi nommée Forêt Sainte. Ce nom pourrait aussi venir du fait que de nombreux couvents et abbayes s'étaient installés dans ce territoire faisant de ce dernier un lieu saint. La plupart ont disparu mais les monastères de Walbourg et de Surbourg ont subsisté.

La ville d'art de Haguenau

Quatrième ville d'Alsace, Haguenau a un long passé historique. La région de Haguenau a été très tôt habitée. Les nombreuses sépultures trouvées dans la Forêt de Haguenau en témoignent. Les objets de l'âge de fer et de bronze qui ont été trouvés dans ces monuments funéraires peuvent être visités au Musée Historique de Haguenau. L'empereur Frédéric Barberousse a fait transformer le pavillon de chasse de son père, Frédéric le borgne, duc de Souabe et d'Alsace en une résidence impériale. C'est là qu'étaient conservés les insignes impériaux des Hohenstaufen.

ES LEBE DIE TRADITION
VIVE LA TRADITION

In Lauterburg, am Ufer der Lauter, ist das Restaurant Au Vieux Moulin seit Jahren eine bekannte Feinschmeckeradresse. Séverine und Eric Laghi führen mit sehr persönlichem Stil ihr Familienrestaurant. Sie halten überlieferten Traditionen sowohl atmosphärisch wie auch kulinarisch die Treue. Der Gastraum besticht mit seinen antiken Schränken und dem stattlichen Kachelofen, der mitten im Raum für gemütliche Wärme und Wohlbefinden sorgt.

Eric Laghi ist ein Verfechter und Bewahrer der traditionellen Küche mit einer Vorliebe für Saucen „von damals." Seine Verehrung gilt dem großen französischen Meisterkoch und Reformer des 20. Jahrhunderts, Auguste Escoffier, der mit seinem Kochkunstführer „Guide Culinaire" Weltruhm erlangte. Die Lehr- und Wanderjahre in der Sternegastronomie und Begegnungen mit Meisterköchen waren prägend und inspirieren ihn noch heute. Im Jahre 2009 wurde Eric Laghi für seine „Foie Gras" mit dem ersten Preis ausgezeichnet. Im Jahre 2012 erhielt er den ersten Preis für seine Königinpastete.

A Lauterbourg, sur les bords de la Lauter, le restaurant Au Vieux Moulin est depuis longtemps une adresse connue des gourmets. Séverine et Eric Laghi dirigent leur restaurant familial de façon très personnelle. Pour ce qui est de l'atmosphère ou de la cuisine, ils restent fidèles aux traditions qui leur ont été transmises. La salle de restaurant se distingue par ses armoires anciennes et l'imposant poêle en faïence qui, au milieu de la pièce, dispense une douce chaleur et procure un délicieux sentiment de bien-être.

Adepte fervent d'une cuisine traditionnelle, Eric Laghi a une prédilection pour les sauces d'autrefois. Il vénère le grand cuisinier réformateur du 20e siècle August Escoffier qui, avec la publication de son «Guide Culinaire», a accédé à une notoriété mondiale. Ses années de formation, ses stages dans la gastronomie étoilée et ses rencontres avec des Maîtres cuisiniers l'ont profondément marqué et l'inspirent encore aujourd'hui. En 2009 et 2012 il a remporté les premiers prix du meilleur foie gras d'Alsace et de la meilleure Bouchée à la reine d'Alsace.

SCHOLLE AUF DER GRÄTE GEBRATEN
CARRELET CUIT SUR L'ARÊTE, JUS DE CRÈME DE COQUILLAGE
Dieses und ein weiteres Rezept finden Sie auf der Seite 44 und 45
Vous trouverez cette recette ainsi qu'une autre à la page 44 et 45

RESTAURANT AU VIEUX MOULIN
Eric Laghi
5 Rue du Moulin, F-67630 Lauterbourg
Tél. 00 33 (0) 3 88 / 94 60 29
www.au-vieux-moulin.fr

GENUSS AN DER LAUTER
PLAISIR SUR LA LAUTER

In Weißenburg, der historischen Grenzstadt, ist die Moulin de la Walk zu einem beliebten Anlaufpunkt für Liebhaber erster Adressen geworden. In der ehemaligen Mühle spürt man noch heute, beim Betrachten der still stehenden Mühlenräder, das Flair vergangener Tage.

Das von Eric und Isabelle Schmidt in Familienbesitz geführte Haus ist modern und komfortabel ausgestattet. Letztes Jahr gab es für das Restaurant ein vollständig neues Gewand. Die Einrichtung präsentiert sich nun in moderner Eleganz. Glas und Holz sorgen für viel Licht und Weite, die farblich passend abgestimmten Details wirken in harmonischem Gesamtbild mit dem alten Kachelofen.

Es ist Genuss pur, sich von Eric Schmidts vielfältiger Küche verwöhnen zu lassen. Ob elsässisch oder klassisch-französisch, seine kulinarischen Kompositionen sind ideenreich und erfreuen Auge und Gaumen, angefangen von der hausgemachten Gänsestopfleber bis hin zur Patisserie. Die beeindruckende Auswahl an Weinen rundet diese Genusserlebnisse ab.

GÄNSESTOPFLEBER
FOIE GRAS D'OIE
Dieses Rezept finden Sie auf der Seite 51
Vous trouverez cette recette à la page 51

A Wissembourg, ville frontalière historique, le Moulin de la Walk est devenu un lieu de rencontre incontournable très apprécié des amateurs de bonnes adresses. On ressent encore aujourd'hui dans cet ancien moulin, lorsque l'on regarde sa roue toujours existante, l'ambiance historique d'une époque révolue.

Cet établissement dirigé par Eric et Isabelle Schmidt, un domaine familial depuis trois générations, est aujourd'hui un hôtel confortable et reposant, offrant le calme et la quiétude à quelques pas du centre ville. L'année dernière, le restaurant a subi un relooking complet. L'établissement est désormais décoré avec élégance et modernité. La véranda avec ses grandes baies vitrées et une charpente impressionnante au bois clair offrent beaucoup de lumière et d'espace. Les couleurs rayonnent dans une image d'ensemble harmonieuse où l'ancien poêle en faïence règne dans la salle à manger.

Cette atmosphère invite au bien-être et à se laisser choyer par la cuisine variée d'Eric Schmidt. Qu'il s'agisse de cuisine alsacienne ou française classique, ses compositions culinaires sauront éveiller vos sens tant visuels que gustatifs. La sélection de vins de qualité complètera ce plaisir.

HOTEL-RESTAURANT AU MOULIN DE LA WALK
Familie Schmidt
2 rue de la Walk, F-67160 Wissembourg
Tél. 00 33 (0) 3 88 / 04 06 44
www.moulin-walk.com

Daniel REBERT

WUNDERLAND FÜR FEINSCHMECKER
LE GOURMET AU PAYS DES MERVEILLES

Wer in Weißenburg auf die Suche nach außergewöhnlichen Delikatessen geht, stößt unweigerlich auf die Pâtisserie und Chocolaterie Daniel Rebert.

In einem Anwesen mit Barockfassade und bunten Fresken am Place du Marché aux Choux führen Chantal und Daniel Rebert ihr weit über die Landesgrenzen bekanntes Haus mit schönen Teesalons und einer idyllischen Sommerterrasse.

Mit all seinen Köstlichkeiten wie Desserts, Schokoladen, Feingebäck und herzhaften traditionellen Produkten zählt es zu den ersten Feinschmeckeradressen im Nordelsass.

Daniel Rebert, brillanter Schüler von Gaston Lenôtre, dem Papst der Pâtissiers, wurde als einer der besten Chocolatiers von Frankreich ausgezeichnet. Der Gourmetkünstler erforscht ständig neue Geschmacksharmonien, seine Kreativität ist ohne Grenzen und offenbart seinen Sinn für Textur und Geschmack. Sein Ideenreichtum zeigt sich auch in der Auswahl der Rohstoffe – Haselnüsse aus Piemont, Mandeln aus Valencia, Bourbon-Vanille aus Tahiti und Orangen aus Korsika.

Sämtliche Köstlichkeiten sind in dem durchdachten Ladenkonzept mit modernem Design perfekt in Szene gesetzt.

Pour celui qui dans les rues pittoresques de Wissembourg est à la recherche de gourmandises exceptionnelles, la Pâtisserie Chocolaterie Daniel Rebert est incontournable.

Derrière une façade de style baroque aux fresques colorées, sur la place du Marché aux choux, Chantal et Daniel Rebert dirigent un établissement dont la réputation a depuis longtemps franchi les frontières de l'Alsace.

Avec toutes ses gourmandises, desserts, chocolats, viennoiseries et produits salés, ce théâtre des délices compte pour les gourmets parmi les meilleures adresses dans le Nord de l'Alsace.

Daniel Rebert, brillant élève du pape des pâtissiers Gaston Lenôtre, est l'un des meilleurs chocolatiers de France. Cet artiste de la chocolaterie cherche sans cesse de nouvelles harmonies. Sa créativité est illimitée, mais en utilisant toujours les meilleurs produits selon leur origine comme la noisette du Piémont, l'amande Valencia d'Espagne, la vanille Bourbon de Tahiti ou les orangettes de Corse.

Toutes les friandises de sa création sont merveilleusement exposées dans sa boutique au design moderne. Elles peuvent être tout aussi bien emportées que dégustées sur place dans les élégants salons de thé ou sur l'idyllique terrasse.

MACARONS EMMANUEL
MACARONS EMMANUEL
Dieses Rezept finden Sie auf der Seite 48
Vous trouverez cette recette à la page 48

PÂTISSERIE-CHOCOLATERIE DANIEL REBERT
Chantal & Daniel Rebert
Membre des « Relais Desserts International »
7 Place du Marché aux Choux
F-67160 Wissembourg
Tél. 00 33 (0) 3 88 / 94 01 66
www.rebert.fr

Comté 24 Mois
Vache
Lait Cru
23,90 €/kg

KLEIN, ABER FEIN
PETITE MAIS TOUTE PIMPANTE

Klein, aber fein ist die Welt der Ferme d'Autrefois mitten in Weißenburg. Im Mai 2012 haben Serge Bouquie und seine Lebenspartnerin Rachel Cormier sich ihren größten Wunsch erfüllt und ein kleines Käse-Fachgeschäft in der Rue Nationale eröffnet.

In diesem historischen Haus wetteifern edelste Käse aus allen Regionen Frankreichs, aus der Schweiz, Italien, Großbritannien und Holland, wie auch köstliche luftgetrocknete Würste in vielen Geschmacksrichtungen um die Aufmerksamkeit der Kunden. Zudem bieten sich originelle Konfitüren aus rotschwarzen Kirschen zur Begleitung einiger Käsesorten an.

Käse, Käse und nochmals Käse! Käse ist eine große Leidenschaft von Serge, der aus den Pyrenäen stammt und somit ein Stück Heimat in das schöne Elsass mitgenommen hat. Serge Bouquie und Rachel Cormier kaufen auf den kleinsten Bauernhöfen ein, letztlich um diesen kleinen lokalen Käsereien, die wenig bekannt sind, einen Namen zu geben. Mit ihren authentischen Produkten und ihrer Philosophie der Mannigfaltigkeit von Qualität macht die Ferme d'Autrefois ihrem Namen alle Ehre.

Elle est petite mais toute pimpante la Ferme d'Autrefois qui tient boutique en plein coeur de Wissembourg. En ouvrant en mai 2012 ce coquet petit magasin de fromages dans la rue Nationale, Serge Bouquie a réalisé avec sa compagne Rachel Cormier son plus grand désir.

Dans cette maison, des charcuteries sèches au fumet appétissant et les fromages les plus nobles venant de toutes les régions de France, de Suisse, d'Italie, de Grande-Bretagne et de Hollande concourent entre eux pour attirer l'attention du visiteur. On y trouve aussi des confitures originales de cerises noires qui attendent leur heureux mariage avec certaines sortes de fromage.

Le fromage est la grande passion de Serge qui, originaire des Pyrénées, a emporté avec lui un peu de sa terre natale dans le beau pays d'Alsace. Il s'approvisionne dans des petites fermes pour promouvoir les petits producteurs. Avec ses produits authentiques et sa philosophie de la diversité et de la qualité, La Ferme d'Autrefois fait honneur à son nom. Allez-y, vous y serez accueilli très chaleureusement et conseillé de manière très compétente.

A LA FERME D'AUTREFOIS
FROMAGERIE ET SALAISON
Serge Bouquie
25 rue Nationale, F-67160 Wissembourg
Tél. 00 33 09 82 21 07 50

GENUSS UND ELEGANZ
BIEN-ÊTRE ET ÉLÉGANCE

Im Tal der Sauer, umgeben von den Wiesen und bewaldeten Hängen der Nordvogesen, liegt das mit pittoresken Fachwerkhöfen geschmückte Lembach. Mitten im Dorf strahlt die Auberge du Cheval Blanc den Charme vergangener Tage aus. Seit Jahrzehnten zählt sie zu den Feinschmeckeradressen, die das kulinarische Elsass weit über die Landesgrenzen hinaus bekannt gemacht haben. Im Mai 2008 haben Carole und Pascal Bastian dieses stattliche historische Anwesen, ein ehemaliges Postrelais aus dem 18. Jahrhundert, übernommen und umgestaltet. Die neuen Restauranträume bestechen durch ihre Eleganz, hochwertigen Materialen und Individualität. Die Farbpalette, die von Silber-Weiß bis hin zu warmen Gelb-Beige-Tönen reicht, fügt sich harmonisch zu den Stuck- und Kassettendecken, den bemalten Butzenscheiben und dem offenen Kamin aus rotem Sandstein.

Pascal Bastian, seit 2009 mit dem Michelin-Stern ausgezeichnet, kann auf hochkarätige Häuser verweisen, in denen er gearbeitet hat: bei Philippe Etchebest, Jean-Georges Klein und Fernand Mischler. Er bürgt für die perfekte Haute Cuisine.

JAKOBSMUSCHELN IN KRÄUTERN GEGRILLT, HOKKAIDOKÜRBIS UND VIN JAUNE
NOIX DE SAINT-JACQUES RÔTIES AUX HERBES, POTIMARRON ET VIN JAUNE
Dieses Rezept finden Sie auf der Seite 46
Vous trouverez cette recette à la page 47

Dans la vallée de la Sauer, dans les Vosges du Nord, au milieu de prairies et de collines boisées, se niche Lembach avec ses pittoresques maisons à colombages. Au centre du village, l'Auberge du Cheval Blanc reflète le charme du temps passé. Depuis des décennies, elle compte parmi les restaurants gastronomiques qui ont fait connaître la cuisine alsacienne bien au-delà des frontières régionales. En mai 2008, Carole et Pascal Bastian ont repris cette belle demeure historique, un ancien relais de poste du 18e siècle, et ils l'ont entièrement restructurée. Le nouveau cadre se distingue par son élégance, ses matériaux nobles et son originalité. La palette des couleurs s'étale d'un blanc argenté à un chaud jaune beige en parfaite harmonie avec les plafonds à stuc et à caissons, les vitraux peints et la cheminée de grès rouge.

Pascal Bastian peut faire état de ses passages dans les maisons de Maîtres prestigieux comme Philippe Etchebest, Jean-Georges Klein et Fernand Mischler. Sa conception d'une Haute Cuisine irréprochable lui a valu en 2009 une étoile bien méritée au Guide Michelin.

HOTEL-RESTAURANT
AUBERGE DU CHEVAL BLANC
Carole und Pascal Bastian
4 rue de Wissembourg, F-67510 Lembach
Tél. 00 33 (0) 3 88 / 94 41 86
www.au-cheval-blanc.fr

Au Cheval Blanc
"Au Cheval Blanc"

KLASSISCH-ELSÄSSISCHES REFUGIUM
REFUGE TYPIQUEMENT ALSACIEN

Schon die Anreise durch Felsen- und Burgenlandschaft, Wiesen und Wälder, schafft ein Gefühl des Behagens. Inmitten dieses Naturparadieses heißt das traditionsreiche Hotel und Restaurant Cheval Blanc seine Gäste willkommen. Ein Schmuckstück ist dieses große, original elsässische Haus mit seinen rot-weißen Fensterläden, seit drei Generationen im Besitz der Familie Zinck. Mit viel Aufmerksamkeit und Herzlichkeit begegnet man hier dem Gast.

Kulinarisch versteht sich Küchenchef Michel Zinck, der bei Blanc in Vonnas und Lameloise in Chagny gelernt hat, auf die gehobene Regional- sowie auf die klassisch-französische Küche, saisonal und mit frischen Produkten. Besonders seine Wild- und Fischgerichte, seine Gänsestopfleber und nicht zu vergessen seine Vielfalt an Pâtisserie, sind weit über die Region hinaus bekannt und begehrt.

Gemütliche Zimmer, Sauna, Massage, Außenschwimmbad, Liegewiese, Minigolf sowie Golfplatz und Reitstall in der Nähe machen den Landaufenthalt komplett.

Que vous veniez de Wissembourg, dans le Bas-Rhin, ou de Schönau, en Allemagne, le voyage en lui-même à travers des paysages de châteaux et de rochers, des prairies et des forêts, pour parvenir jusqu'ici assure un sentiment de bien-être. Au milieu de ce paradis naturel, l'hôtel restaurant traditionnel Cheval Blanc vous souhaite la bienvenue. Cette grande maison typiquement alsacienne, avec ses volets rouges et blancs, depuis trois générations dans la famille Zinck, est un véritable bijou. Les invités y sont accueillis avec beaucoup d'attention et d'amabilité.

D'un point de vue culinaire, le chef cuisinier Michel Zinck, formé chez Blanc à Vonnas et chez Lameloise à Chagny, excelle dans la cuisine régionale ainsi que dans la cuisine française traditionnelle, saisonnière et mettant en avant des produits frais. Ses plats de gibier et de poisson, son foie gras d'oie, et sans oublier sa variété de pâtisseries, sont particulièrement connus et recherchés bien au-delà de la frontière.

Des chambres confortables, sauna, soins bien-être, une piscine extérieure, mini-golf, une pelouse ainsi qu'un terrain de golf et un centre équestre situés à proximité rendent ce séjour complet.

GEBRATENE GÄNSELEBER MIT APFEL
FOIE GRAS POELE AUX POMMES
Dieses Rezept finden Sie auf der Seite 50
Vous trouverez cette recette à la page 50

HÔTEL RESTAURANT CHEVAL BLANC
Michel Zinck
11 rue Principale, 67510 Niedersteinbach
Tél. 00 33 (0) 3 88 / 09 55 31
www.hotel-cheval-blanc.fr

90042
90042
90208
90208

BERGZIEGEN IM ELSASS
CHÈVRES ALPINES EN ALSACE

Es ist eine echte Erfolgsgeschichte: Im Jahre 2003 verwirklichte das Ehepaar Rita und Pierre Sturtzer einen lang gehegten Traum und richtete in Obersteinbach, inmitten von Buntsandsteinfelsen im Tal des Steinbachs, ein altes bäuerliches Anwesen fachgerecht zu einem Ziegenhof her. Mit 45 schönen braunen Bergziegen und einer Käserei fingen sie an.

Die Ziegen der Rasse Alpine geben reichlich und reichhaltige Milch aus der die köstlichen Käse, wie unter anderen Frischkäse und Tomme hergestellt werden. Die Herstellung erfolgt in schonender Handarbeit und naturbelassen. Kein Wunder, dass die Nachfrage nach dem kulinarischen Ziegenkäse rasch zunahm, nicht nur in Obersteinbach und den benachbarten Wochenmärkten, sondern auch in der umliegenden Gourmet-Gastronomie. Der Erfolg war groß, sodass die Familie Sturtzer ihre Herde mittlerweile auf 150 Bergziegen vergrößert hat.

Alle diese köstlichen Käse können direkt im Hofladen oder auf den Wochenmärkten der Region gekauft werden.

C'est l'histoire d'une belle réussite.

Il était en Alsace un jeune couple, Pierre et Rita Sturtzer qui aimaient passionnément les chèvres. En 2003, ils achetèrent à Obersteinbach, dans la vallée du Steinbach, une vieille ferme pour la transformer et y établir un élevage de 45 chèvres alpines au beau pelage brun. C'était le rêve de toute leur vie.

Les chèvres donnèrent du bon lait avec lequel on fit de bons fromages dont le succès fut foudroyant. Tout le monde en demandait, tout le monde en voulait. Et la gastronomie de luxe des alentours en réclamait aussi. Il fallut voir plus grand.

Aujourd'hui, le cheptel compte 150 bêtes. La production des produits laitiers a considérablement augmenté, la qualité est restée toujours égale à elle-même. Les délicieux fromages de chèvre frais, natures et épicés ainsi que les fromages affinés gardent jalousement le secret de leur excellence. Ils peuvent être achetés directement à la ferme ou sur les marchés hebdomadaires de la région.

CARPACCIO VOM FRISCHEN ZIEGENKÄSE
CARPACCIO DE CHEVRE FRAIS
Dieses Rezept finden Sie auf der Seite 52
Vous trouverez cette recette à la page 52

FERME DU STEINBACH
Pierre Sturtzer
6 rue de la Rohrmatt, F-67510 Obersteinbach
Tél. 00 33 (0) 3 88 / 09 57 42
www.fermedusteinbach.fr

LEEBOURG

MEDITERRANER GENUSS
PLAISIR MÉDITERRANÉEN

Liebfrauenthal, zwischen Lembach und Wörth gelegen, ist der reizvolle Platz, an dem Joaquim und Clotilde Marques ihre Gäste willkommen heißen. Gepflegte Gastlichkeit in der ländlichen Idylle, dem Tal der Sauer! Charakteristisch für dieses Haus sind die gemütlich und unprätentiös ausgestatteten Räumlichkeiten mit Weinstube und Restaurant, wo man Essen und Trinken ohne Ablenkung genießen kann.

2006 haben die Gastgeber dieses Haus als Restaurant neu eröffnet. Seit Herbst letzten Jahres können sie mit Stolz auch ein Hotel im selben Anwesen ihr eigen nennen.

Joaquim Marques hat in der französischen Schweiz gelernt und anschließend in nobelsten und bedeutendsten Grand-Hotels gearbeitet. Begegnungen mit großen Köchen wie Marcel di-Nuccio und Marco Burino haben ihn beflügelt. Meisterlich versteht er sich auf eine kreative südländische Küche und verwöhnt mit außergewöhnlichen Fischgerichten. In Portugal geboren und aufgewachsen, bewahrt sich Joaquim Marques dadurch ein Stück Heimat.

Liebfrauenthal, situé entre Lembach et Woerth, est l'endroit charmant où Joaquim et Clothilde Marques accueillent leurs clients. Une excellente convivialité dans un cadre champêtre idyllique, la vallée de la Sauer ! Les locaux aménagés de façon commode et sans prétention avec une taverne et un restaurant, constituent une caractéristique de cet établissement. Ils assurent une atmosphère chaleureuse pour se désaltérer et manger, sans être distrait.

En 2006, les hôtes ont aménagé cet établissement en restaurant. Depuis l'automne dernier, ils sont fiers d'avoir pu ouvrir leur propre hôtel dans ce même établissement. Joaquim Marques a suivi sa formation en Suisse romande et a ensuite travaillé dans les grands hôtels les plus nobles et les plus importants. Des rencontres avec des chefs célèbres tels que Marcel di-Nuccio et Marco di-Burino l'ont réellement incité à continuer dans ce sens.

De main de maître, il excelle dans la cuisine méditerranéenne créative et régale ses clients avec des fruits de mer exceptionnels. Joaquim Marques qui est originaire du Portugal a marqué le Palais Gourmand de l'empreinte de son pays natal.

MEERES-GRATIN AN BRANDY
GRATIN DE LA MER AU BRANDY

Dieses Rezept finden Sie auf der Seite 53
Vous trouverez cette recette à la page 53

HOTEL-RESTAURANT LE PALAIS GOURMAND
Clotilde & Joaquim Marques
220 rue du Moulin à Liebfrauenthal
F-67360 Goersdorf
Tél. 00 33 (0) 3 88 / 09 42 74
www.restaurant-palais-gourmand.com

WILLKOMMEN IN LES TROIS ROSES
BIENVENUE AUX TROIS ROSES

La Petite Pierre, einst Sitz eines mächtigen Grafengeschlechts, heute ein kleines Paradies für Wanderer und Feinschmecker, liegt auf 370 m Höhe inmitten ausgedehnter Wälder. Ganz gleich, aus welcher Richtung der Besucher dorthin kommen mag, führen ihn die Wege durch zauberhafte Tannen- und sonnendurchflutete Buchenwälder.

Im Herzen von La Petite Pierre befindet sich das Hotel-Restaurant Les Trois Roses, das seit 1813 in Familienbesitz ist. Im Jahr 2011 übernahm die attraktive, charmante Laura Rinckel das Erbe ihrer Väter, um das weithin bekannte Haus mit neuem Konzept und neuen Ideen weiterzuführen. Bestens qualifiziert durch ihre Ausbildung im Hotel-Management und nach aufschlussreichen Lehr- und Wanderjahren, will sie dieses gemütliche Haus auch künftig mit Stil und Gastlichkeit führen.

Die Terrasse des Anwesens bietet einen traumhaften Panoramablick über eine bezaubernde Landschaft. Hier kann der Besucher dem Alltag entfliehen, seine Seele baumeln und sich von dem erfahrenen Küchenteam mit traditioneller Kost verwöhnen lassen.

La Petite Pierre, autrefois siège d'une puissante dynastie de comtes, est aujourd'hui un paradis pour les randonneurs et les gourmets, situé à 370 mètres d'altitude et entouré de vastes forêts. Peu importe le côté par lequel le visiteur choisi d'arriver, les routes le mènent à travers des forêts de sapins merveilleux et de hêtres inondées de soleil.

L'hôtel restaurant Les Trois Roses, qui se trouve au cœur de La Petite Pierre, est une propriété familiale depuis 1813. En 2011, Laura Geyer, femme charmante et séduisante, a repris l'héritage de ses pères et continue de diriger ce célèbre établissement avec un nouveau concept et de nombreuses idées. Avec sa formation dans la gestion d'hôtelière et des années de stages enrichissants, elle a su profiter du moment pour suivre avec style et hospitalité les traces des ancêtres de cette demeure accueillante.

La terrasse de la propriété offre une magnifique vue panoramique sur le paysage fascinant. Le visiteur peut ici se laisser aller, échapper à la vie quotidienne et se faire dorloter par les chefs cuisiniers expérimentés servant de la cuisine traditionnelle.

HIMBEERMOUSSE-KUCHEN
FRAMBOISIER
Dieses Rezept finden Sie auf der Seite 54
Vous trouverez cette recette à la page 54

HOTEL RESTAURANT
LES TROIS ROSES
Laura Rinckel
F-67290 La Petite Pierre
Tél. 00 33 (0) 3 88 / 89 89 00
www.aux-trois-roses.com

EAU MINÉRALE NATURELLE
DES VOSGES DU NORD
Celtic
SODIUM
0,001 g/l
NATURE
NIEDERBRONN-LES-BAINS
1,5L
www.eauceltic.com

IM DIENSTE DES WOHLBEFINDENS
AU SERVICE DU BIEN-ÊTRE

Im Naturpark der Nordvogesen ist Bad Niederbronn mit seiner Kelten- und Römerquelle in die Annalen der Gesundheitsgeschichte eingegangen. Vor mehr als 2000 Jahren entdeckten die Kelten diese Quelle. Auf dem benachbarten Winterberg haben sie der keltischen Göttin der Fruchtbarkeit eine Büste in Sandstein gemeißelt, die es noch heute zu bewundern gilt.

Jahrhundertelang wurde das Quellwasser von Kurgästen und Einwohnern als Trinkwasser genutzt, ohne das Wissen um ihre besonderen Heilkräfte. In den 1970er-Jahren wurde man auf seine wohltuende Wirkung aufmerksam. Nach 20-jähriger Wartezeit erhielt im Jahr 1986 die Stadt Bad Niederbronn die Nutzungsgenehmigung der Quelle als Mineralquelle.

Das Mineralwasser, natrium- und uranarm, steht im Dienste der Gesundheit und des Wohlbefindens für die ganze Familie und eignet sich besonders für die Zubereitung von Baby-Nahrung.

Situé dans le parc naturel des Vosges du Nord, Bad Niederbronn s'est fait un nom dans les annales de l'histoire de la santé avec ses 2 sources, l'une datant des Celtes, l'autre des Romains.

Voilà plus de 2000 ans maintenant que les Celtes ont découvert la Source Celtique et qu'ils ont érigé à proximité de cette dernière le buste en grès de leur déesse de la fertilité que l'on peut encore admirer aujourd'hui.

Pendant des siècles, l'eau de la source a été bue par les curistes et les habitants de la région sans qu'ils en connaissent les vertus particulières. Ce n'est que dans les années 70 du siècle passé qu'on en a redécouvert les effets bienfaisants.

Il a fallu attendre 20 ans pour que la ville de Bad Niederbronn obtienne en 1986 l'autorisation d'exploiter la source.

L'eau minérale, pauvre en sodium et en uranium, est bénéfique à la santé et au bien-être de toute la famille et elle est particulièrement appropriée à la préparation des biberons.

CELTIC
L'EAU MINÉRALE IDÉALE
Contact: M. Andreolli
58 route de Bitche, F-67110 Niederbronn-les-Bains
Tél. 00 33 (0) 3 88 / 80 38 39
www.eauceltic.com

KULINARISCHES SCHMUCKSTÜCK
UN BIJOU GASTRONOMIQUE

In Niederschaeffolsheim, ist das imposante Anwesen der Familie Golla nicht zu übersehen. Der einstige Gasthof (in Familienbesitz seit 1880) ist heute ein großzügiges Hotel mit Restaurant. Die Gastgeber Catherine und François Golla führen den Familienbesitz in der fünften Generation.

Dem Besucher, der hier auf ein Refugium des Stils und des guten Geschmacks trifft, begegnet man mit herzlicher, unaufdringlicher Gastlichkeit. Im Restaurant sorgen rotes Samtpolster, gemütliche Holzvertäfelungen und liebevolle, gekonnt in Szene gesetzte Details für beste Wohlfühlatmosphäre.

Kulinarisch überzeugt François Golla mit seiner hochwertigen, klassisch-französischen Küche, die es an Raffinesse nicht fehlen lässt. Maître Sommelière Anne Golla empfiehlt die dazu passenden Tropfen. Geprägt von den großen Meistern Loiseau und Savoy, setzt François Golla auf Kreationen wie Langustinen an Mandelnudeln, Carpaccio von Langustinen mit gesalzenem Tomateneis oder Kalbsbries in Heu gebacken. Seine Leidenschaft für Produkte höchster Qualität macht den Erfolg seiner Philosophie aus.

La superbe propriété de la famille Golla domine la ville de Niederschaeffolsheim. Cette ancienne auberge, en possession de la famille depuis 1880, a été transformée en un grand hôtel avec restaurant. Catherine et François Golla représentent la 5e génération de Golla qui se sont succédés depuis lors. Ils mettent tout leur cœur dans la gestion de cette entreprise familiale.

L'accueil qu'ils réservent à leurs hôtes dans un cadre d'une élégance raffinée est à la fois cordial et discret. Dans le restaurant, les coussins en velours rouge, les chaudes boiseries murales et les moindres détails choisis avec soin, tout contribue à créer une atmosphère de bien-être.

Le régal des papilles est garanti par la cuisine traditionnelle de qualité de François Golla qui concocte pour ses hôtes des plats absolument délicieux. Formé par les grands Chefs Cuisiniers Loiseau et Savoy, il a acquis son propre style et il compte parmi ses créations des langoustines sur un lit de tagliatelles aux amandes, un carpaccio de langoustines accompagné d'un sorbet salé de tomates ou un délicieux ris de veau rôti dans du foin. En qualité de Maître sommelière, Anne Golla conseille judicieusement la clientèle dans le choix des vins. Sa passion des bons produits est la garantie du succès de sa philosophie.

LANGUSTINE AUF LANGUSTINEN-CARPACCIO UND TOMATENSORBET
DÉCOUPE DE LANGOUSTINES ROYALES AU CITRON CONFIT ET SORBET TOMATES
Dieses Rezept finden Sie auf der Seite 55
Vous trouverez cette recette à la page 55

HOTEL-RESTAURANT
AU BŒUF ROUGE
Familie Golla
39 rue Général de Gaulle
F-67500 Niederschaeffolsheim
Tél. 00 33 (0) 3 88 / 73 81 00
www.boeufrouge.com

LES FRÈRES STUMPF
GROSSKÖRNIGER SENF
MUSTARD BIG SEED
Moutarde
DIJON SENF
DIJON MUSTARD
Moutarde de Dijon
MILDER SENF ELSÄSSER ART MIT LEBKUCHENGEWÜRZ
MILD ALSATIAN MUSTARD WITH GINGERBREAD
Moutarde Douce d'Alsace
Saveur Pain d'Epices
Moutarde Douce d'Alsace
MILDER SENF ELSÄSSER ART MIT RIESLING
MILD ALSATIAN MUSTARD WITH RIESLING
Moutarde douce d'Alsace au riesling
MILD ALSATIAN MUSTARD WITH BEER
NOUVEAU
Moutarde à la Mirabelle
Raifalsa
Raifort d'Alsace
nature
pur et relevé
rémoula
original et onct
MILDER SENF ELSÄSSER ART MIT MEERRETTICH
Moutarde Douce au Raifort d'Alsace
Raifort d'Alsace
mayonnaise
aromatique et savoureux

WÜRZE DES KULINARISCHEN LEBENS
LES AGRÉMENTS CULINAIRES

Im nordelsässischen Dorf Mietesheim bei Hagenau besitzt und führt Alain Trautmann das 1956 gegründete Unternehmen Raifalsa (Raifort Alsace). Als einziger Meerrettichhersteller Frankreichs genießt er weit über die Landesgrenzen hinaus großes Ansehen und wurde dafür im „Le Bottin Gourmand" ausgezeichnet. Seine Passion gilt den Gewürzen, den schönsten Petitessen in der Küchenwelt.

Einfallsreichtum und Handarbeit sind bei der Meerrettichproduktion bestimmend, denn die Wurzel wird von Hand geschält – 100 Tonnen pro Jahr – und naturnah bei wenig Hitze, ohne Zucker und Chemie verarbeitet, um so ihre natürliche weiße Farbe und ihr Aroma zu erhalten. Wahre Köstlichkeiten entstehen daraus, wie Meerrettich natur, mit Mayonnaise oder Roter Beete.

Darüber hinaus ist Alain Trautmann der letzte Senfhersteller im Elsass. Er selbst trifft die Auswahl der Senfkörner und lässt sie nach speziellen elsässischen Rezepturen ohne Zucker und Öl zu verschiedenen Senfsorten, wie Riesling- und Biersenf, verarbeiten. Das breite kulinarische Meerrettich- und Senfangebot bringt jeden Besucher in Versuchung.

C'est à Mietesheim, petit village de l'Alsace du Nord, près de Haguenau, que se trouve l'entreprise Raifalsa (Raifort Alsace). Fondée en 1956, elle est dirigée par son propriétaire Alain Trautmann.

Inscrit dans « Le Bottin Gourmand », unique fabricant de raifort de France, il jouit d'une grande réputation bien au-delà des frontières régionales. Les épices, aromatiques, très utilisées en cuisine sont une des grandes passions d'Alain Trautmann.

Pour sa production, l'entreprise nécessite chaque année 100 tonnes de raifort dont la racine bénéficie d'un traitement particulièrement méticuleux. Elle est en effet exclusivement épluchée à la main et élaborée à des températures peu élevées sans adjonction de sucre ou de produits chimiques afin de lui conserver son arome et sa couleur blanche naturelle. Cela donne des produits absolument délicieux comme le Raifort Nature, à la Mayonnaise, le Raifort Rouge à la betterave.

Alain Trautmann se distingue en outre par le fait qu'il est le dernier moutardier d'Alsace. Il choisit personnellement les graines de moutarde avant qu'elles ne soient transformées selon des recettes alsaciennes, sans sucre ni huiles, en différentes sortes de moutarde comme la Moutarde au Riesling ou à la Bière. Le visiteur, séduit par la grande variété et l'originalité des produits de l'entreprise Raifalsa, voudrait tout emporter.

RAIFALSA
Alain Trautmann
4 rue de la Gare, F-67580 Mietesheim
Tél. 00 33 (0) 3 88 / 90 31 85
www.raifalsa.fr

REZEPTE

SCHOLLE AUF DER GRÄTE GEBRATEN

Restaurant Au Vieux Moulin, Seite 20

ZUTATEN FÜR 1 PERSON

1 Schollenfilet (180 g, Gräte aufbewahren), 4 Miesmuscheln, 2 Scheidenmuscheln, 4 Venusmuscheln, 200 ml Noilly Prat, 80 ml Sahne, 10 g Schalotten, 50 g Butter, 200 g Gemüse nach Jahreszeit, Fleur de sel, weißer Pfeffer aus der Mühle

ZUBEREITUNG

Die Muscheln in Butter mit den klein geschnittenen Schalotten anbraten und mit Noilly Prat ablöschen. Die Muscheln aus der Schale holen und säubern. Den Muschelsud reduzieren und filtern, die Sahne hinzufügen und reduzieren.
Das Schollenfilet auf seiner Gräte im Backofen sechs bis acht Minuten anbraten und mit zerlassener Butter begießen. Mit Fleur de sel und weißem Pfeffer würzen.
Das Gemüse bissfest garen, in der Mitte des Tellers anrichten, die Muscheln um das Gemüse plazieren, und mit der reduzierten Muschel-Creme übergießen.
Das Schollenfilet auf das Gemüsebett setzen.

CARRELET CUIT SUR L'ARÊTE, JUS DE CRÈME DE COQUILLAGE

Restaurant Au Vieux Moulin, page 20

INGRÉDIENTS PAR PERSONNE

1 filet de carrelet 180 g (conserver l'arête pour la cuisson), 4 moules bouchot, 2 couteaux, 4 praires, 80 g de crème liquide, 20 cl de noilly prat, 10 g d'échalote ciselée, 50 g de beurre, 200 g de légumes de saison choisi et cuit à l'anglaise

PRÉPARATION

Cuire les coquillages façon marinière avec échalote, beurre et noilly.
Décortiquer et parer les coquillages, conserver au chaud.
Réduire le jus de cuisson des coquillages, le filtrer.
Ajouter la crème et réduire.
Cuire le carrelet sur son arête au four 6 à 8 minutes en arrosant de beurre fondu.
Assaisonner fleur de sel et poivre blanc du moulin
Dresser les légumes au milieu de l'assiette et les coquillages autour.
Napper les coquillages du jus crèmé et réduit.
Disposer le filet de carrelet sur les légumes.

RECETTES

GEBRATENE GÄNSELEBER MIT KARAMELLISIERTEN ÄPFELN

Restaurant Au Vieux Moulin, Seite 20

ZUTATEN FÜR 1 PERSON

3 Scheiben rohe Gänseleber, 1 Apfel, vorzugsweise Golden Delicious, 20 g Butter, 20 g Honig, 200 ml roter Portwein (auf einen EL reduzieren), 20 g Fruchtchutney aus getrockneten Früchten, etwas Olivenöl, Meersalz, Pfeffer aus der Mühle

ZUBEREITUNG

Die entkernten und geschälten Äpfel in große runde Scheiben schneiden, in einer beschichteten Pfanne mit Butter und Honig braten und karamellisieren.
Im Backofen zu Ende braten.
Die Leberscheiben in einer heißen, beschichteten Pfanne mit etwas Olivenöl anbräunen, mit feinstem Meersalz und Pfeffer aus der Mühle würzen.
Die Leber je nach Dicke der Scheiben im Backofen 2 bis 3 Minuten zu Ende braten.
Die Äpfel und ein kleiner Klecks Chutney auf einen Teller setzen Den reduzierten Portwein auf den Teller gießen und die Gänseleberscheiben darauf arrangieren.

FOIE GRAS D'OIE POÊLÉ, POMMES CARAMÉLISÉES

Restaurant Au Vieux Moulin, page 20

INGRÉDIENTS PAR PERSONNE

3 belles tranches de foie d'oie cru, 1 pomme « Golden », 20 g de beurre, 20 g de miel, 20 cl de Porto rouge (réduit à une cuillère), 20 g de chutney de fruits, huile d'olive, sel, poivre

PRÉPARATION

Cuire jusqu'à caramélisation les pommes vidées et coupées en grosses rondelles dans une poêle antiadhésive avec le beurre et le miel (terminer la cuisson au four)
Colorer les tranches de foie gras dans une poêle antiadhésive chaude avec un filet d'huile d'arachide, assaisonner avec fleur de sel et poivre du moulin.
Finir la cuisson du foie au four selon l'épaisseur des tranches 2 à 3 minutes.
Disposer les pommes et une quenelle de chutney sur une assiette.
Couler le porto réduit dans l'assiette et disposer les tranches de foie d'oie (égouttées sur du sopalin).

REZEPTE

JAKOBSMUSCHELN IN KRÄUTERN GEGRILLT, HOKKAIDOKÜRBIS UND VIN JAUNE

Hotel-Restaurant Auberge du Cheval Blanc, Seite 28

ZUTATEN FÜR 4 PERSONEN

12 Jakobsmuscheln, 4 Scheidenmuscheln, 100 g Miesmuscheln, 100 g Herzmuscheln

HASELNUSSKRUSTE

400 g Butter, 300 g Paniermehl, 150 g Gruyère, 30 g Kerbel, 30 g Basilikum, 30 g Schnittlauch, 30 g Estragon, Petersilienpüree (optional), 300 g gehackte Haselnüsse, Salz, Pfeffer

SAUCE VIN JAUNE

3 Schalotten, 1 Knoblauchzehe, 500 ml Weißwein, 500 ml Fischfond, 1 l Sahne, 250 ml Vin Jaune (aus dem Jura), Salz, Pfeffer

HOKKAIDO-PÜREE

500 g Hokkaido-Kürbis, 100 g Butter, Salz, Pfeffer

ZUBEREITUNG

Für die Haselnusskruste die weiche Butter mit den gehackten Kräutern, dem geriebenen Gruyère und dem Petersilien-Püree fein mischen, die restlichen Zutaten unterheben. Die Masse zwischen zwei Blättern Backpapier streichen und kühl stellen, dann in kleine Kreise (Form der Jakobsmuschel) schneiden

Die Jakobsmuscheln ausnehmen, mit kaltem Wasser abspülen, trocken tupfen. Kurz auf beide Seiten anbraten, mit der Masse für die Haselnusskruste bedecken und zusammen kurz unter dem Salamander gratinieren.

Die anderen Muscheln mit kaltem Wasser mehrmals abspülen. Mit etwas Schalotten und Weißwein in einen Topf geben, zugedeckt 2 bis 3 Minuten kochen bis die Muscheln sich geöffnet haben. Danach die Muscheln aus dem Topf nehmen und aus der Schale holen.

Für die Sauce Vin Jaune Schalotten und Knoblauchzehe fein hacken, in Butter farblos anschwitzen.

Mit Weißwein und Fischfond ablöschen. Mit der Sahne aufgießen und reduzieren, salzen und pfeffern, zum Schluss den Vin Jaune und die Muscheln hinzufügen.

Für das cremige Kürbispüree den Kürbis kochen und mit frischer Butter mixen, salzen und pfeffern.

RECETTES

NOIX DE SAINT-JACQUES RÔTIES AUX HERBES, POTIMARRON ET VIN JAUNE

Hotel-Restaurant Auberge du Cheval Blanc, page 28

INGRÉDIENTS POUR 4 PERSONNES

12 pièces de Noix de Saint-Jacques, 4 pièces de couteaux, 100 g de moules bouchot, 100 g de coques

CROÛTE DE NOISETTES

400 g de beurre, 300 g de chapelure, 150 g de gruyère, 30 g de cerfeuil, 30 g de basilic, 30 g de ciboulette, 30 g de estragon, purée de persil (facultatif), 300 g de noisettes hachées, sel, poivre

SAUCE VIN JAUNE

3 échalottes, 1 gousse d'ail, 50 cl de vin blanc, 50 cl fumet de poisson, 1 l crème, 50 cl de vin jaune, sel, poivre

POTIMARRON

500 g de potimarron, 100 g de beurre, sel, poivre

PRÉPARATION

Pour la croûte de noisettes, mélangez le beurre en pommade avec les herbes hachées, le gruyère rapé, la purée de persil bien fine, ajoutez la chapelure et les noisettes hachées. Etalez la pâte entre deux feuilles de papier et réservez au froid, puis détaillez des petit cercles de la forme des Saint-Jacques.

Videz les coquilles de Saint-Jacques et rincez-les à l'eau froide. Poêlez les coquilles de Saint-Jacques des deux côtés.

Déposez les croûtes de noisette (crues) sur les Saint-Jacques et faites gratiner le tout à la salamandre.

Lavez les couteaux, coques et moules bouchot dans plusieurs eaux. Ouvrez-les avec un peu de vin blanc et des échalotes hachées. Couvrez-les. Faites-les cuire 2 à 3 minutes. Décortiquez-les.

Pour la sauce vin jaune, faites suer les échalotes et la gousse d'ail hachée au beurre sans coloration.

Déglacez avec vins blanc et fumet poisson. Mouillez avec la crème, laissez réduire, salez et poivrez puis, au dernier moment mettez le vins jaunes et les fruits de mer.

Pour le crémeux de potimarrons, cuisez les potimarrons bien fondant, mixez le tout avec le beurre frais. Salez et poivrez.

REZEPTE

MACARONS EMMANUEL

Pâtisserie-chocolaterie Daniel Rebert, Seite 24

ZUTATEN

MACARON-HÄLFTEN

300 g Puderzucker, 300 g gemahlene Mandeln,
110 g + 110 g Eiweiß, 22 g Lebensmittelfarbe Himbeerrot,
300 g Zucker, 80 g Wasser

GANACHE EMMANUEL

290 g Sahne, 80 g Fruchtzucker, 270 g Himbeermark,
400 g Milchschokolade (mind. 40 % Kakaoanteil),
95 g Butter

ZUBEREITUNG

Am Vortag die Macaron-Hälften vorbereiten:
Den gesiebten Puderzucker mit den gemahlenen Mandeln, 110 Gramm Eiweiß und den Farbstoffen mischen.
Zucker und Wasser bei 118 °C kochen. 110 Gramm Eiweiß zu Eischnee schlagen, sobald der Sirup eine Temperatur von 115 °C erreicht hat. Den Sirup auf das Eiweiß rieseln lassen, vermischen und auf 50 °C abkühlen lassen.
Die Masse unter die Mandel-Puderzucker-Mischung heben. Von innen nach außen vermischen und die Schüssel dabei drehen, bis der Teig schön sämig ist.
Die Masse in einen Spritzbeutel mit Lochtülle Nr. 11 füllen und runde Teigkreise mit circa 3,5 Zentimeter Durchmesser in einem Abstand von 2 Zentimeter auf die mit Backpapier ausgelegen Backbleche anordnen.
Das Backblech jeweils leicht auf die Arbeitsfläche klopfen, damit sich die aufgespritzte Masse gleichmäßig verteilt.
Backofen auf 180 °C (Umluft) vorheizen. 12 Minuten backen, dabei die Backofentür zweimal schnell öffnen, Macaron-Hälften aus dem Ofen nehmen und auf die Arbeitsplatte gleiten lassen.

Am Vortag die Ganache für die Marcarons Emmanuel vorbereiten: Sahne und Fruchtzucker aufkochen lassen, Himbeermark hinzufügen und auf 45 °C abkühlen lassen. Die Milchschokolade bei 40 °C zum Schmelzen bringen. Anschließend die Creme-Himbeer-Mischung in drei Arbeitsschritten auf die Schokolade gießen.
Die Ganache mit Hilfe eines Pürierstabs mixen, Butter hinzufügen. Auf ein Blech ausgießen. Mit Folie abdecken und eine Nacht bei Raumtemperatur fest werden lassen.

Fertigstellung der Macrons Die Ganache am nächsten Tag in einen Spritzbeutel mit Lochtülle Nr. 11 füllen und die Hälfte der Macarons-Hälften großzügig garnieren. Anschließend mit den anderen Hälften zusammen setzen. Macarons 24 Stunden im Kühlschrank ziehen lassen und 2 Stunden vor dem Verzehr herausnehmen.

TIPP

Das Eiweiß eine Woche lang im Kühlschrank lagern, damit es flüssiger wird; 24 Stunden vor der Verarbeitung herausnehmen und bei Raumtemperatur lagern:
Die Macarons werden dadurch schön glatt.

MACARONS EMMANUEL

Pâtisserie-chocolaterie Daniel Rebert, page 24

INGRÉDIENTS

POUR LES COQUES DE MACARON

300 g de sucre glace, 300 g de poudre d'amandes,
110 g + 110 g de blancs d'oeufs, 22 g de colorant alimentaire rouge framboise, 300 g de sucre, 80 g de l'eau

POUR LA GANACHE EMMANUEL

290 g de crème, 80 g de fructose, à se procurer en pharmacie, 270 g de pulpe de framboises, 400 g de chocolat au lait 40% de cacao minimum, 95 g de beurre

PRÉPARATION

LA VEILLE : LA PRÉPARATION DES COQUES

Mélangez le sucre glace tamisé avec la poudre d'amandes, 110 g de blancs d'oeufs et les colorants.
Faites bouillir l'eau et le sucre à 118 °C. Lorsque le sirop est à 115 °C, commencez simultanément à monter en neige les 110 g suivants de blancs d'oeufs. Versez le sirop sur les blancs, fouettez et laissez refroidir à 50 °C avant d'incorporer le tout dans la première préparation avec la poudre d'amandes. Macaronnez en faisant bien retomber la pâte.

RECETTES

Remplissez une poche à douille n° 11 et façonnez des ronds d'environ 3,5 cm de diamètre en les espaçant de 2 cm sur des plaques tapissées de papier sulfurisé.
Tapez les plaques sur le plan de travail pour bien étaler la préparation.
Préchauffez le four à 180 °C, en mode chaleur tournante.
Faites cuire 12 minutes en ouvrant rapidement deux fois la porte de four.
À la sortie du four, glissez les coques sur le plan de travail.

LA VEILLE : LA PRÉPARATION DE LA GANACHE
Faites bouillir la crème et le fructose, ajoutez la pulpe de framboises et refroidissez à 45 °C. Faites fondre le chocolat au lait à 40 °C.
Réalisez alors une émulsion en versant en trois fois le mélange crème-pulpe sur le chocolat au lait fondu. Lissez la ganache à l'aide d'un mixer plongeant, en rajoutant le beurre.
Versez sur une plaque, filmez et laissez figer une nuit à température ambiante.

LA RÉALISATION DES MACARONS
Le lendemain, versez la ganache dans une poche à douille n° 11 et garnissez généreusement la moitié des coques, puis recouvrez avec l'autre moitié.
Placez vos macarons pendant 24 heures au réfrigérateur, et sortez-les 2 heures avant de les savourer

Faites vieillir vos blancs d'oeufs une semaine au réfrigérateur pour qu'ils soient plus liquides, et sortez-les à température ambiante 24 heures avant de les utiliser : vos macarons seront bien lisses.

REZEPTE

GEBRATENE GÄNSELEBER MIT APFEL

Hôtel Restaurant Cheval Blanc, Seite 30

ZUTATEN

500 g Gänseleber, 2 Äpfel „Golden Delicious",
20 g Butter, etwas Mehl, Salz, Pfeffer

SAUCE

50 g Zucker, 1 EL Honig, 10 ml Essig, 20 ml Cognac,
20 ml Kalbsfond, 10 g Butter

ZUBEREITUNG

Gänseleber in 12 Scheiben schneiden, kühl stellen.
Für die Sauce Zucker und Honig karamellisieren. Mit Essig und Cognac ablöschen und 2 Minuten reduzieren. Den Kalbsfond dazugeben, auf die Hälfte reduzieren, abschließend die kalte Butter einrühren
Die Äpfel in Scheiben schneiden und in Butter anbraten. Die Gänseleber auf beiden Seiten würzen, in Mehl wenden und in einer beschichteten Pfanne kräftig anbraten.

FOIE GRAS POELE AUX POMMES

Hôtel Restaurant Cheval Blanc, page 30

INGRÉDIENTS

500 g de foie gras, 2 pommes « Golden », 20 g de beurre,
sel, poivre

POUR LA SAUCE

50 g de sucre, 1 c.s de miel, 1 cl de vinaigre,
2 cl de cognac, 20 cl de fond brun, 10 g de beurre

PRÉPARATION

Couper 12 escalopes de foie gras, réserver au frais.
Pour la sauce, faire un caramel avec le sucre et le miel. Déglacer au vinaigre et au cognac. Réduire 2 minutes. Ajouter le fond de veau, réduire de moitié. Monter au beurre, réserver.
Couper les pommes en quartiers et les faire sauter au beurre. Fariner les escalopes, chauffer une poêle anti-adhésive et poêler rapidement. Dresser sur assiette.

RECETTES

GÄNSESTOPFLEBER

Hotel-Restaurant Au Moulin de la Walk, Seite 22

ZUTATEN FÜR 8 PERSONEN

1 Gänseleber (600 g), 10 g Salz, 1 g Zucker, 2 g 4-Gewürze-Pulver für Gänsestopfleber (Spezialmischung), 8 ml Cognac

ZUBEREITUNG

Leber von Sehnen und Äderchen mit einem kleinen Messer befreien. Salz, Zucker und Gewürze mischen und die Leber damit würzen.
Den Cognac dazugeben und die Leber in eine Terrine drücken. Die Terrine 24 Stunden im Kühlschrank ruhen lassen.
Den Backofen auf 90 Grand vorheizen und die Leber in einem Wasserbad für 30 Minuten in den Ofen schieben.
Die Leber aus dem Ofen holen, erkalten lassen und mindestens 48 Stunden im Kühlschrank ruhen lassen.
Mit Gelee, Quittenpüree und Feigenpüree kalt servieren.

FOIE GRAS D'OIE

Hotel-Restaurant Au Moulin de la Walk, page 22

INGRÉDIENTS POUR 8 PERSONNES

1 lobe de foie gras d'oie de 600 g, 10 g de sel, 1 g de sucre, 2 g de 4 épices pour foie gras (Melange spécial Foie gras), 8 ml de cognac

PRÉPARATION

Dévener le foie gras avec un petit couteau. Melanger le sel, sucre et les épices puis soupoudrer sur le foie.
Ajouter le cognac puis mouler le foie dans une terrine.
Laisser reposer 24 heures au frigo.
Chauffer le four à 90 °C et poser la terrine dans un bain marie frémissant puis enfourner 30 minutes.
Sortez la terrine du four et refroidir.
Laisser reposer 48 heures minimum au réfrigérateur.
Servir frais avec gelée, purée de coing et purée de figue.

REZEPTE

CARPACCIO VOM FRISCHEN ZIEGENKÄSE

Ferme du Steinbach, Seite 32

ZUTATEN

2 Ziegenkäserollen, 100 g Pesto, 30 g Tomate, gewürfelt, Basilikum, Meersalz, Pfeffer aus der Mühle, 150 g gemischter Blattsalat, Vinaigrette,

PESTO

100 g Basilikumblätter, 200 ml Olivenöl, 3 Knoblauchzehen, 10 g Pinienkerne, 20 g Parmesan, Salz, Pfeffer aus der Mühle

VINAIGRETTE

40 ml Öl, 20 ml Essig, 20 ml Walnussöl, Salz, Pfeffer

ZUBEREITUNG

Für das Pesto alle Zutaten bis auf dem Parmesan zusammen pürieren, in ein größeres Gefäß geben, den sehr fein geriebenen Parmesan dazumischen und würzen.
Die Ziegenkäserollen in dünne Scheiben schneiden und kreisförmig auf einem Teller anordnen. Mit Pesto bestreichen, die Tomatenwürfel darüberstreuen, mit Basiliumblättern dekorieren, salzen und pfeffern. Den angemachten Salat auf der Tellermitte anrichten.

CARPACCIO DE CHEVRE FRAIS

Ferme du Steinbach, page 32

INGRÉDIENTS

2 bûchettes de chèvre, 100 g de pesto, 1 tomate coupée en dés (30 g), feuilles de basilic, fleur de sel, poivre du moulin, 150 g de salade panachée, vinaigrette

PESTO

100 g de basilic, 200 cl d'huile d'olive, 3 gousses d'ail, 10 g de pignons de pin, 20 g de parmesan, sel, poivre du moulin

VINAIGRETTE

4 cl d'huile, 2 cl de vinaigre, 2 cl d'huile de noix, sel et poivre

PRÉPARATION

Pour le pesto, mixer tous les ingrédients sauf le parmesan, débarrasser dans un récipient et rajouter le parmesan râpé très fin, assaisonner.
Couper les bûchettes de chèvre en tranches très fines, et disposer en cercle sur une assiette, parsemer de pesto et des clés de tomate, décorer avec des feuilles de basilic, saler, poivrer et disposer la salade assaisonnée au centre.

RECETTES

MEERES-GRATIN AN BRANDY

Hotel-Restaurant Le Palais Gourmand, Seite 34

ZUTATEN FÜR 4 PERSONEN

120 g Dorade, 120 g Lachs, 120 g bretonischer Seeteufel, 4 Jakobsmuscheln, 4 Gambas 16/20

SAUCE

100 ml Fischfond, 50 ml Brandy, 4 El Crème épaisse (Rahm-Schmand), Salz, Pfeffer

ZUBEREITUNG

Die Fischfilets jeweils in vier Stücke schneiden. Die Jakobsmuscheln ausnehmen und mit kaltem Wasser abspülen. Von den Gambas Kopf und Schwanz entfernen. Die Gambas von zwei Seiten in der Pfanne braten und anrichten.

Für die Sauce den Fischfond reduzieren, Crème épaisse hinzufügen. Salzen, pfeffern und mit Brandy abschmecken.

Den Teller mit den Meeresfrüchten und dem Fisch anrichten, die Sauce dazugeben und im Salamander (Profigerät für extreme Oberhitze) gratinieren.

Mit Reis oder Nudeln und etwas Gemüse servieren.

GRATIN DE LA MER AU BRANDY

Hotel-Restaurant Le Palais Gourmand, page 34

INGRÉDIENTS POUR 4 PERSONNES

120 g de Daurade, 120 g de Saumon, 120 g de Lotte bretonne, 4 coquilles de Noix de St-Jacques, 4 Gambas 16/20

POUR LA SAUCE

10 cl de fumet de poisson, 5 cl de Brandy, 4 c.à.s. de crème épaisse, sel, poivre

PRÉPARATION

Coupez les filets de poisson en quatre. Videz les coquilles Saint-Jacques et rincez-les à l'eau froide. Décortiquez les gambas. Poêlez le poisson, les coquilles St-Jaques, les gambas des deux côtés et dressez.

Confection de la sauce : faites réduire le fumet de poisson. Rajoutez la crème épaisse. Salez, poivrez et parfumez au Brandy.

Dressez l'assiette avec les fruits de mer et le poisson.

Versez la sauce et faites gratiner le tout à la salamandre.

Servez avec du riz ou des pâtes et quelques légumes.

REZEPTE

HIMBEERMOUSSE-KUCHEN

Hotel Restaurant Les Trois Roses, Seite 36

ZUTATEN

BISKUIT

5 Eier, 125 g Zucker, 125 g Mehl

HIMBEERMOUSSE

400 g Himbeeren, 100 g Zucker, 6 Blatt Speisegelatine, 500 ml Sahne, 5 Eiweiß

ZUBEREITUNG

Den Backofen auf 180 °C vorheizen.
Für den Biskuitboden die Eier mit dem Zucker vermischen, das Mehl dazugeben. Den Teig in eine Form füllen und im Backofen circa 10 Minuten backen. Abkühlen lassen.
Die Himbeeren pürieren und etwas erwärmen.
Die Speisegelatine in die lauwarmen Himbeeren legen.
Das Eiweiß steif schlagen und den Zucker dazugeben.
Alles gut mischen. Danach die Sahne steif schlagen und alle Zutaten gut miteinander vermischen.
Den Biskuitboden mit einem Tortenring umschließen.
Himbermousse gleichmäßig darauf verteilen. Kalt stellen.
Mit frischen Früchten verzieren und mit frischer Waldbeerensauce servieren.

FRAMBOISIER

Hotel Restaurant Les Trois Roses, page 36

INGRÉDIENTS

POUR LA GÉNOISE

5 oeufs entiers, 125 g de sucre, 125 g de farine

POUR LA MOUSSE

400 g de coulis de framboise, 100 g de sucre, 6 feuilles de gélatine, 50 cl de crème fluide, 5 blancs d'oeuf montés en neige

PRÉPARATION

Mélanger les oeufs et le sucre, puis incorporer la farine.
Mettre sur plaque, cuire au four à 180 °C durant 10 minutes. Laissez refroidir la génoise.
Incorporer la gélatine dans le coulis de framboise tiède.
Monter les blancs en neige puis incorporer le sucre.
Mélanger le tout. Fouetter la crème afin de la monter en chantilly, puis l'incorporer délicatement au mélange.

MONTAGE

Sur la génoise, à l'aide d'un cercle, disposer la mousse à la framboise puis la laisser durcir au réfrigérateur.
Décorer avec des fruits frais et servir avec un coulis de fruits rouges.

RECETTES

LANGUSTINE AUF LANGUSTINEN-CARPACCIO UND TOMATENSORBET

Hotel-Restaurant Au Bœuf Rouge, Seite 40

ZUTATEN FÜR 10 PERSONEN

20 sehr große Langustinen, 3 Zitronen, 30 g Kerbel, 30 g Schnittlauch, 30 g Basilikum, 15 g Estragon, 15 g Minze, 30 g Sahne, 30 g Avruga (Heringskaviar), Olivenöl, 500 ml Bio-Tomatensaft, 200 g Kadayif-Teigfäden (in türkischen Läden erhältlich), Sherry-Essig, Salz, Zucker

ZUBEREITUNG

Tomatensaft mit Salz abschmecken und in den Tiefkühler stellen. Mit der Gabel viertelstündlich das frischgefrorene Eis zerbrechen. 2 Zitronen blanchieren. Das Wasser wechseln, nochmals blanchieren. Das Wasser wechseln und die Zitronen unter Zugabe von 3 Prisen Zucker ein drittes Mal blanchieren.

Alle Langustinen ausschalen, die Hälfte davon zerhacken und mit Zitronensaft, Olivenöl würzen, und etwas Kerbel, Schnittlauch und Salz dazugeben. Dem Ganzen gekochte und zerhackte Zitronen hinzufügen.

Die zweite Hälfte von den Langustinen salzen und mit Kadayif-Teigfäden umwickeln.

Die gehackten, rohen Langustinen mit Hilfe einer quadratischen Schablone auf einem flachen Teller anrichten.

Den Teller kurz 3 Minuten in einen sehr warmen Ofen geben (250 °C), kalt werden lassen.

Eine Vinaigrette mit Sherry-Essig und Olivenöl herstellen.

Die Kräuter zerblättern und zur Vinaigrette geben. Die Sahne mit Avruga vermischen und mit wenig Zitronensaft abschmecken.

Die mit Kadayif-Teigfäden umwickelten Langustinen je nach Größe 2 bis 3 Minuten fritieren.

Das Tomateneis (Sorbet) auf die gehackten Langustinen setzen und die Vinaigrette darübergeben.

Den Teller mit den fritierten, warmen Langustinen und der Avrugasauce anrichten.

DÉCOUPE DE LANGOUSTINES ROYALES AU CITRON CONFIT, SORBET TOMATES

Hotel-Restaurant Au Bœuf Rouge, page 40

INGRÉDIENTS POUR 10 PERSONNES

20 langoustines royales, 3 citrons, 1 botte de cerfeuil, ciboulette, basilic, 1/2 botte d'estragon et de menthe, 20 cl de crème fraîche, 30 g d'avruga, 1/2 litre de jus de tomate bio (de qualité supérieure), 200 g de vermicelles Kadayif, huile d'olive, vinaigre de Xérès, sel, sucre

PRÉPARATION

Assaisonner le jus de tomate de sel et le placer au congélateur, remuer régulièrement. Blanchir 2 citrons dans l'eau. Renouveler l'opération en changeant l'eau une première fois.

Renouveler à nouveau en ajoutant 3 pincées de sucre.

Décortiquer les langoustines et hacher la moitié des chairs. Assaisonner le tout avec le citron confit haché, jus de citron, huile d'olive, cerfeuil, ciboulette et sel.

Saler la deuxième moitié de langoustines et les envelopper les avec les vermicelles.

A l'aide d'un chablon dresser les langoustines hachées dans une assiette.

Passer l'assiette sous la voûte du four à 250 °C durant 3 minutes.

Confectionner une vinaigrette avec le xérès et l'huile d'olive.

Effeuiller les herbes et ajouter-les dans la vinaigrette.

Mélanger la crème, l'avruga et le jus de citron.

Faites frire 2 à 3 minutes les langoustines enveloppées.

Sur le tartare froid, déposer le sorbet tomate.

Assaisonner la salade d'herbes et la dresser sur le sorbet.

Entourer d'un trait de sauce avruga.

Dresser les langoustines enveloppées, chaudes.

APFELPLANTAGE BEI TRAENHEIM
POMMERAIE PRÈS DE TRAENHEIM

IM SCHATTEN DER HUNDERTJÄHRIGEN GLYZINIE
À L'OMBRE DES GLYCINES CENTENAIRES

Das Restaurant Les Semailles zählt seit Jahren zu den ersten und feinsten Adressen in La Wantzenau, der Hochburg elssässischer Kulinarik. Das mit ansprechenden Farbkonzepten ausgestattete Restaurant und die Terrasse, die von einer hundertjährigen Glyzinie überdacht wird, überzeugen bis ins letzte Detail mit warmem, gemütlichem Ambiente.

Jean-Michel Loessel hat mit seiner raffinierten, leichten und auf den Geschmack der Produkte konzentrierten Küche den Nerv derjenigen getroffen, die gutes Essen schätzen und lieben. Seine Devise, „aus seinen Produkten die besten Schauspieler zu machen, um eine perfekte Inszenierung zu erreichen" ist ihm, der bei den großen Meistern wie Fernand Mischler und Emile Jung in die Schule gegangen ist, gelungen.

Phantasievoll kreiert er traditionelle und klassische Köstlichkeiten wie Wolfsbarsch gratiniert mit iberischem Chorizo oder gebratenes Lammkarree mit Polenta-Creme. Edle Tropfen aus Frankreichs Rebgärten runden diese Wohlfühlmomente harmonisch ab.

MARINADE VON SCHOTTISCHEM LACHS UND SARDELLEN
MARINADE DE SAUMON D'ECOSSE ET DE BOQUERONES
Dieses Rezept finden Sie auf der Seite 64
Vous trouverez cette recette à la page 64

Dans le cadre idyllique de La Wantzenau, haut lieu de la gastronomie alsacienne, Jean-Michel Loessel a réalisé il y a maintenant 15 ans son rêve de posséder un restaurant. Le restaurant gastronomique „Les Semailles" est sans conteste l'une des adresses à retenir. En entrant dans cette maison rouge, vous serez conquis par la décoration douce et chatoyante, que ce soit dans la salle très cosy ou en terrasse sous la glycine centenaire.

Côté fourneaux, Jean-Michel Loessel, saura vous étonner par une cuisine toute en finesse qui allie subtilement tradition et innovation. Les saveurs sont incomparables, la cuisson parfaite, la présentation recherchée. Bref, on ne peut qu'être conquis par tant de délicatesse. Le tout servi par une équipe professionnelle et souriante. Sa devise : « faire de ses produits les meilleurs acteurs pour créer une mise en scène parfaite »

Initié chez les grands maîtres tels que Fernand Mischler et Emile Jung, Jean-Michel peut maintenant s'enorgueillir d'avoir réussi son pari de figurer parmi les bonnes tables d'Alsace. Imaginatif, il crée des plats qui sortent des sentiers battus avec « Le filet de Bar gratiné au chorizo ibérique, accompagné de riz noir, de pesto de pimientos et d'une sauce au romarin » ou « Le Carré d'Agneau rôti, polenta onctueuse, panaché de légumes à huile d'Olive infusée au Basilic ». Des vins nobles de vignobles français parachèvent harmonieusement ces moments de bien-être.

RESTAURANT LES SEMAILLES
Jean-Michel Loessel
10 rue du Petit-Magmod, F-67610 La Wantzenau
Tél. 00 33 (0) 3 88 / 96 38 38
www.semailles.fr

QUALITÄT UND HOHES NIVEAU
QUALITÉ DE HAUT NIVEAU

Vendenheim, zehn Kilometer von Straßburg entfernt, ist der Sitz des Familienunternehmens Riedinger-Balzer mit seiner Metzgerei, Fleischerei und seinem Catering. Im Jahre 1960 von Jacques Riedinger gegründet, wird dieses Haus heute, mit Respekt vor der Tradition, erfolgreich von Sohn Jacques Riedinger und Tochter Jacqueline Balzer geführt. Die bodenständige und gleichbleibende kulinarische Qualität ihrer Produkte hat Riedinger-Balzer weit über die Landesgrenzen hinaus bekannt gemacht. Außergewöhnliche Sorgfalt lässt man bei der Auswahl von Schlachtvieh, Rohprodukten und Lieferanten walten.

Für ihr unermüdliches Bestreben nach Flexibilität und Einfallsreichtum wird das Unternehmen regelmäßig mit Auszeichnungen und Medaillen geehrt. So erhielt es im Jahr 2010 für seinen Jambon d'Or die Goldmedaille, 2012 für seine Pâté en croûte die Silbermedaille. Zukunftsorientierung und Sinn für Kontinuität sind die Garanten für den Erfolg des Unternehmens Riedinger-Balzer.

Le siège de l'entreprise familiale Riedinger-Balzer est situé à Vendenheim, à une dizaine de kilomètres de Strasbourg. Fondée en 1960 par Jacques Riedinger, cette Boucherie-Charcuterie-Traiteur est dirigée maintenant avec succès et dans le respect des traditions par son fils Jacques et sa fille Jacqueline. Des produits naturels et une qualité toujours égale à elle-même leur ont valu une réputation qui a dépassé depuis longtemps les frontières régionales. Les animaux de boucherie, les matières premières ainsi que les fournisseurs sont toujours sélectionnés avec un soin tout particulier.

Le souci constant de flexibilité et d'imagination de l'entreprise est récompensé régulièrement par des honneurs et des médailles. C'est ainsi qu'elle a obtenu en 2010 une médaille d'or au Trophée du meilleur « Jambon d'or « et en 2012 une médaille d'argent au Trophée du meilleur « Paté en croûte ». Sa vision de l'avenir et son sens de la pérennité sont les garanties du succès de la Boucherie-Charcuterie-Traiteur Riedinger-Balzer.

SCHINKEN IM TEIGMANTEL
MIT MADEIRA-SAUCE
JAMBON EN CROUTE
ET SAUCE MADÈRE
Dieses Rezept finden Sie auf der Seite 66
Vous trouverez cette recette à la page 67

BOUCHERIE-CHARCUTERIE-TRAITEUR
RIEDINGER-BALZER
Jacqueline Riedinger-Balzer
5 rue du Général Leclerc, F-67550 Vendenheim
Tél. 00 33 (0) 3 88 / 69 40 08
www.riedinger-balzer.fr

IN NEUEM GLANZ
UN NOUVEL ÉCALAT

In Mittelhausbergen, zwischen Straßburg und dem Kochersberg, erstrahlt das Restaurant und Hotel Au Tilleul in neuem Glanz. Seit 1888 im Besitz der Familie Lorentz, ist es für seine gute traditionelle Küche bekannt.

Jacques Lorentz und seine Frau führen seit dem Jahr 2000 mit viel Engagement und Gastlichkeit das elterliche Anwesen. Peu à peu haben sie den Gasträumen und dem Hotel ein neues Gesicht gegeben.

Die Brasserie-Stube mit ländlich rustikalem Ambiente bietet köstliche regionale Gerichte.

Das Restaurant, La Table de Jacques, ist in modernem Design gehalten, farblich perfekt abgestimmt bis ins kleinste Detail. Hier werden saisonale Gerichte phantasievoll kreiert aufgetischt.

Jacques Lorentz ist bei großen französischen Köchen wie Westermann in Straßburg und den Brüdern Pourcel in Montpellier in der Lehre gewesen. Die daraus resultierenden Impressionen lässt er noch heute in seinen feinen Küchen-Kreationen, einer Mischung aus Tradition und Moderne, spüren.

A Mittelhausbergen, entre Strasbourg et le Kochersberg, le Restaurant et Hôtel Au Tilleul brille d'un nouvel éclat. En possession de la famille Lorentz depuis 1888, il est réputé pour sa succulente cuisine traditionnelle. Depuis l'an 2000, Jacques Lorentz et sa femme gèrent avec enthousiasme et un sens remarquable de l'hospitalité le patrimoine que leur ont laissé leurs parents. Petit à petit, ils ont donné un nouveau visage au restaurant et à l'hôtel.

La brasserie, de caractère rustique, offre de délicieux mets régionaux. Dans le restaurant La Table de Jacques, moderne et très design, les couleurs s'harmonisent entre elles dans les moindres détails. Dans le même esprit, on y sert d'excellents plats saisonniers innovants et imaginatifs.

Jacques Lorentz a travaillé avec les plus grands maîtres de la cuisine française comme Westermann à Strasbourg et les frères Pourcel à Montpellier. On retrouve dans ses créations culinaires les empreintes qu'il en a gardées, un savoureux mélange de tradition et de modernité.

GEBRATENES ZANDERFILET AUF SAUERKRAUT
FILET DE SANDRE RÔTI SUR UN LIT DE CHOUCROUTE D'ALSACE
Dieses Rezept finden Sie auf der Seite 65
Vous trouverez cette recette à la page 65

AU TILLEUL
HOTEL & RESTAURANT
Jacques Lorentz
5 route de Strasbourg, F-67206 Mittelhausbergen
Tél. 00 33 (0) 3 88 / 56 18 31
www.autilleul.fr

REZEPTE

MARINADE VON SCHOTTISCHEM LACHS UND SARDELLEN

Restaurant Les Semailles, Seite 58

ZUTATEN FÜR 4 PERSONEN

200 g Lachsfilet aus Schottland, 160 g Sardellen, 200 g gelbe Gemüsepaprika, 300 g Zucchini, 100 g Fenchel, 100 g Kirsch-Tomaten, 1/2 Topf Basilikum, 2 Zehen Knoblauch, 2 Zweige Thymian, 200 ml Olivenöl, 1 Zitrone, 20 g Makadamianüsse, einige Blätter Shizo, Blütenblätter zur Dekoration, Salz, Pfeffer, Fleur de sel

ZUBEREITUNG

Die Gemüsepaprika, Zucchini und den Fenchel in Streifen schneiden, die Tomaten halbieren.

Die vier Gemüse jeweils in feuerfeste Formen legen, salzen, pfeffern. Thymian, Basilikum und Knoblauch dazugeben und mit Olivenöl beträufeln, bei 150 °C im Backofen im eigenen Saft braten. Für die Tomaten 5 Minuten, die Gemüsepaprika 10 Minuten, für die Zucchini und den Fenchel jeweils 15 Minuten an Zeit rechnen. Erkalten lassen.

Das Lachsfilet in 12 Zentimeter lange und 1 Zentimeter dicke Streifen schneiden, die Sardellen und das Gemüse abtropfen lassen. Zucchini, Paprika und Fenchel in gleichgroße Stücke wie den Lachs schneiden.

Eine Vinaigrette aus je einer Hälfte Zitronensaft und Olivenöl herstellen.

Den Boden eines Tellers mit der Vinaigrette in Form eines Karrees von je 12 Zentimeter bestreichen, salzen und pfeffern.

Die Fisch- und Gemüsestreifen harmonisch nach den Farben auf dem Karree plazieren.

Mit Fleur de sel und Pfeffer aus der Mühle würzen.

Gehackte Makadamianüsse und Shizo darüberstreuen.

Mit Blütenblättern dekorieren.

MARINADE DE SAUMON D'ÉCOSSE ET DE BOQUERONES

Restaurant Les Semailles, page 58

INGRÉDIENTS POUR 4 PERSONNES

200 g de filet de Saumon d'Écosse, 160 g de boquerones, 200 g de poivron jaune, 300 g de courgette, 100 g de fenouil, 100 g de tomate cerise, 20 cl d'huile d'olive « Il paganelo », 1 citron, PM sel, poivre, fleur de sel, 1/2 botte de basilic, 2 gousse d'ail, 2 branche de thym, PM fleur de sel, 20 g de noix de macadamia, Shizo Mix

PRÉPARATION

Laver, épépiner et monder les poivrons. Laver et tailler des bandes de courgettes et fenouil. Laver et couper les tomates en deux. Disposer les légumes dans quatre plats à gratin différents, saler, poivrer, ajouter du thym, du basilic, de l'ail et arroser d'huile d'olive. Confire les légumes au four à 150 °C. Compter environ 5 minutes pour les tomates, 10 minutes pour les poivrons, 15 minutes pour le fenouil et les courgettes. Laisser refroidir.

Tailler des bandes de 12 cm de long et de 1 cm de large, dans le filet de Saumon. Egoutter les boquerones. Egoutter les légumes. Tailler les courgettes, poivrons et fenouil en bandes identiques à celles du saumon.

Confectionner une vinaigrette en mélangeant moitié–moitié jus de citron et l'huile d'olive.

Badigeonner le fond d'une assiette de vinaigrette en formant un carré de 12 cm de côté, saler et poivrer ce carré.

Disposer les lamelles de poissons et de légumes dans ce carré en alternant harmonieusement les couleurs.

Assaisonner avec de la fleur de sel, du poivre du moulin, parsemer de noix de macadamia concassées et feuille de shizo.

Décorer avec quelques pétales de fleur.

RECETTES

ZANDERFILET GEBRATEN AUF SAUERKRAUT

Hotel & Restaurant Au Tilleul, Seite 62

ZUTATEN FÜR 4 PERSONEN

900 g Zanderfilet mit Haut, 150 g Bauernspeck in Scheiben, 600 g rohes Sauerkraut aus dem Elsass, 2 Schalotten, 400 ml Weißwein – elsässischer Riesling, 50 g. Butter, 100 ml Erdnussöl, 3 Nelken, 5 Wacholderbeeren, 1 Zweig Thymian, 1 kleines Lorbeerblatt, 300 ml Geflügelfond, 20 große küchenfertige Schnecken, etwas Olivenöl, Salz, Pfeffer

ZUBEREITUNG

Das Sauerkraut mit lauwarmem Wasser abwaschen und abtropfen lassen.

In einem Topf die Butter in Erdnussöl schmelzen, die kleingeschnittenen Schalotten dazugeben und anbräunen. Das Sauerkraut und die Gewürze dazugeben, mit Weißwein und Wasser bis zur Höhe des Sauerkrauts auffüllen, ungefähr 40 Minuten kochen. Danach abtropfen lassen und warm halten.

Das Zanderfilet in zwei Stücke schneiden, in Olivenöl auf der Haut leicht anbraten.

Salzen und pfeffern, und auf kleiner Flamme braten.

Die Speckscheiben in eine Tefalplatte geben, mit Backpapier bedecken und einer zweiten Tefalplatte bedecken, bei 180 °C im Backofen zwischen 7 und 8 Minuten braten.

Den Geflügelfond erwärmen und die Schnecken dazugeben.

In die Mitte des Tellers einen Metallring setzen, das gut abgetropfte Sauerkraut hineinsetzen, den Metallring entfernen, das Zanderfilet auf das Sauerkraut setzen, den Fond um das Sauerkraut und den Zander gießen, die Speckscheiben auf den Zander geben und mit Kräutern bestreuen.

FILET DE SANDRE RÔTI SUR UN LIT DE CHOUCROUTE D'ALSACE

Hotel & Restaurant Au Tilleul, page 62

INGRÉDIENTS POUR 4 PERSONNES

900 g de filet de sandre avec peau, 150 g de lard des paysans tranché, 600 g de choucroute crue d'Alsace igp, 2 échalotes, 40 cl de vin blanc sec Alsacien (riesling), 50 g de beurre, 10 cl d'huile d'arachide, 30 cl d'huile d'olive, aromates, 3 clous de girofle, 5 baies de genièvre, 1 branche de thym, 1 feuille de laurier, 30 cl de jus de volaille, 20 grosses pièces d'escargots, sel et poivre

PRÉPARATION

Rincer la choucroute à l'eau tiède puis l'égoutter. Dans une casserole faire fondre le beurre avec l'huile d'arachide, ajouter les échalotes émincées et laisser colorer. Ajouter la choucroute et les aromates ainsi que le vin blanc et rajouter de l'eau à hauteur de la choucroute, laisser cuire environ 40 minutes. Puis égoutter et réserver au chaud.

Couper les filets de sandre en deux, les faire revenir à l'huile d'olive sur le côté peau. Saler et poivrer, et laisser cuire à feu doux.

Disposer vos bardes de lard sur une plaque Tefal, les recouvrir d'un papier sulfurisé et d'une seconde plaque et laisser cuire au four à 160 °C pendant 7 à 8 minutes.

Chauffer le jus de volaille, y ajouter les escargots.

Pour le dressage de votre assiette, disposer un cercle métallique au centre de l'assiette, le garnir de la choucroute bien égouttée, retirer le cercle, déposer votre filet de sandre sur la choucroute, verser le jus autour de la préparation, déposer la barde de lard sur le poisson et parsemer d'herbes.

REZEPTE

SCHINKEN IM TEIGMANTEL MIT MADEIRA-SAUCE

Boucherie-Charcuterie-Traiteur Riedinger-Balzer, Seite 60

ZUTATEN FÜR 4 PERSONEN

1 kg roher Schinken, gepökelt und leicht geräuchert,

SCHWEINEFOND

400 g Schweineknochen, 2 Karotten, 1 EL Tomatenmark, 1 Glas trockener Weißwein, 2 Lorbeerblätter, 1 Gewürznelke, 1 Zwiebel, 1 Nuss Butter, 1 El Öl, Salz, Pfeffer

MÜRBETEIG

1 kg Mehl, 500 g Schweineschmalz, 500 g Margarine, 20 g Zucker, 10 g Salz

MADEIRASAUCE

500 g Abschnitte von magerem Rindfleisch, 2 graue Schalotten, 1 Zwiebel, 1 Zweig Thymian, Petersilie, 1 Lorbeerblatt, 1 kleines Glas Cognac, 1 großes Glas trockener Madeira, 100 g Butter, 1 gestrichener EL Mehl, Salz, Pfeffer, Muskat

ZUBEREITUNG

Für den Schweinefond in einem schwarzen gusseisernen Topf die Schweineknochen in Butter und Öl anbräunen. Die in Scheiben geschnittenen Karotten, die klein geschnittene Zwiebel und das Tomatenmark dazugeben. Mit dem Wein und Wasser aufgießen und bedecken. Eine Stunde kochen lassen, wenn notwendig Wasser nachfüllen. Das Ganze durch ein Sieb passieren, und den Schweinefond zum Kochen des Schinkens verwenden.
Ein Stück Schinken (von der Nuss), gepökelt, leicht geräuchert, mit etwas Fett und einem Stück Schwarte mit Bindfaden verschnüren und in der Schweinebrühe 1 1/4 Stunde köcheln lassen. Danach 24 Stunden im Kühlschrank ruhen lassen.
Für den Mürbeteig in einer Schüssel die weiche Margarine und das Schmalz mit Zucker und Salz verrühren. Nach und nach das Mehl und ein klein wenig Wasser zufügen. Den Teig rasch zusammenkneten, eine Kugel formen und in Folie gewickelt im Kühlschrank 1 Stunde kalt stellen.
Den Mürbeteig 3 Millimeter dick ausrollen. Die Schwarte vom Schinken entfernen.
Schinken auf den ausgerollten Teig auflegen und von den vier Seiten her einschlagen. Nach Wunsch verzieren und mit Eigelb bestreichen.
Den Backofen eine halbe Stunde auf 250 °C vorheizen, den Schinken in den Backofen schieben, und 15 bis 20 Minuten backen. Danach die Hitze auf 200 °C reduzieren

und den Schinken 1 Stunde und 15 Minuten weiter backen. (Der Schinken kann auch fertig gebacken in den Metzgerei- und Fleischerei-Fachgeschäften im Elsass gekauft werden.)
Für die Madeirasauce in einer gusseisernen Kasserolle einen Esslöffel Butter erhitzen, die Rindfleisch-Abschnitte mit der fein geschnittenen Zwiebel, Thymian, Petersilie, Lorbeer auf mittlerer Flamme darin anbräunen.
Mit Cognac begießen, dann mit dem Madeira und einem großen Glas Wasser ablöschen, salzen, pfeffern und abdecken, zwischen 25 und 30 Minuten bei schwacher Hitze köcheln lassen. Durch ein Sieb passieren.
In der gesäuberten Kasserolle 1 Esslöffel Butter erhitzen, das Mehl dazugeben, unter Rühren bräunen. Mit der Sauce ablöschen und aufkochen.
Die Sauce soll cremig, nicht dickflüssig sein. Zum Verdünnen bei Bedarf noch kochendes Wasser über die Rückstände im Sieb gießen und die Sauce damit verlängern. Zum Schinken im Teigmantel servieren.

RECETTES

JAMBON EN CROUTE ET SAUCE MADÈRE

Boucherie-Charcuterie-Traiteur Riedinger-Balzer, page 60

INGRÉDIENTS POUR 4 PERSONNES

1 kg de jambon cru saumuré et légèrement fumé

POUR LE FOND DE PORC

400 g d'os de porc, 2 carottes, 2 c.à.s. de concentré de tomates, 1 verre de vin blanc sec, 2 feuilles de laurier, 1 clou de girofle, 1 échalote hachée, 1 noix de beurre, 1 cuillerée d'huile, sel, poivre

POUR LA PÂTE BRISÉE

1 kg de farine, 500 g de saindoux, 500 g de margarine, 20 g de sucre, 10 g de sel, 25 cl d'eau

SAUCE MADÈRE

500 g de parures de bœuf, 2 échalotes grises, 1 oignon, 1 branche de thym, persil, 1 feuille de laurier, 1 petit verre de cognac, 1 grand verre de madère sec, 100 g de beurre, 1 c. à s. rase de farine, sel, poivre, muscade

PRÉPARATION

Fond de porc : dans une cocotte en fonte noire faire colorer les os de porc dans le mélange beurre et huile. Ajouter les carottes en rondelles, l'échalote hachée et le concentré de tomates.
Mouiller avec le vin blanc et de l'eau à belle hauteur.
Laisser cuire 1 heure en rajoutant de l'eau si nécessaire.
Passez au chinois puis utiliser le jus de porc pour la cuisson du jambon.
Demandez à votre boucher un morceau de jambon (la noix) saumuré et légèrement fumé. Laissez de préférence un peu de gras et un morceau de couenne (cela apportera du goût et du moelleux à votre jambon).
Faites-le ficeler et plongez-le dans un jus de porc frémissant pendant 1h15. Après cuisson laissez reposer 24 heures au frigo.
Pour la pâte brisée, faites ramollir la margarine et le saindoux dans la cuve d'un batteur, ajoutez le sucre et le sel. Ajoutez la farine, puis l'eau petit à petit. Faites une boule avec la pâte, filmez et mettez au frigo pendant une heure.
Après repos, étalez la pâte sur 3 mm d'épaisseur.
Retirez la couenne du morceau de jambon. Posez votre morceau de jambon sur la pâte étalée et mettez- le en croûte en relevant les quatre côtés de la pâte sur le jambon. Décorez et badigeonnez de jaune d'œuf, réservez au frigo.
Préchauffez votre four à 250°C une demi-heure avant d'enfourner votre jambon. Enfournez, après 15 à 20 minutes de cuisson, réduisez la température à 200 °C.
Laissez cuire 1h15.
Vous trouverez le jambon en croûte prêt à cuire chez les artisans bouchers charcuteries d'Alsace.
Pour la sauce Madère, demandez à votre boucher des parures maigres de bœuf.
Dans une cocotte en fonte, faites revenir à feu moyen les parures, échalotes, thym, persil, laurier dans une cuillerée à soupe de beurre.
Arrosez avec le cognac, puis mouillez avec le madère et un grand verre d'eau.
Salez, poivrez, couvrez, faites mijoter 25 à 30 minutes.
Passez et pressez le résidu pour recueillir tout le suc.
Dans la cocotte nettoyée, faites fondre une cuillère à soupe de beurre, ajoutez la farine, laissez brunir en remuant.
Mouillez avec la sauce, faites bouillir. Cette sauce doit être veloutée, non épaisse, allongez-la d'eau bouillante versée sur les résidus de la passoire.

DIE WALL- UND SCHLEUSENANLAGE BARRAGE VAUBAN
LE BARRAGE VAUBAN IN STRASSBURG

STRASSBURG

Im Schnittpunkt romanischer und germanischer Kulturen prägen zweitausend Jahre reiche Geschichte die Hauptstadt des vereinten Europas an den Ufern des Rheins und der Ill. Die weltoffene Europastadt mit ihrem Savoir-vivre ist eine herrliche Stadt mit einem der schönsten Stadtzentren der Welt. Die gesamte Altstadt von Straßburg, die Grande Ile, wurde von der UNESCO wegen ihres vielfältigen Architekturbestandes im Jahr 1988 zum Weltkulturerbe erklärt.

Die Ursprünge der Stadt gehen auf die Römer zurück, die am Rhein ein Militärlager namens Argentoratum errichteten. Im 7. Jahrhundert wird die von Barbaren zerstörte Siedlung unter dem Namen „Strateburgum", was Burg an den Straßen heißt, wieder zum Leben erweckt.

Die Geschichte erinnert uns, dass hier im Jahre 842 die berühmten Straßburger Eide von den Brüdern Ludwig dem Deutschen und Karl dem Kahlen in deutscher und in altfranzösischer Sprache geschworen wurden. Damit wurden die im Elsass noch heute gültigen Sprachgrenzen geregelt.

Im Mittelalter erstarkte die Stadt unter dem Heiligen Römischen Reich Deutscher Nationen und erlebte sobald ihre Blütezeit in der Renaissance.

Die freien Bürger unterstanden keiner Herrschaft und erfreuten sich ihrer Selbständigkeit. Nachdem der zeitweilige Straßburger Bürger Johannes Gutenberg den Buchdruck erfunden hatte, wurde das katholische Straßburg im 16. Jahrhundert zu einem Zentrum des Humanismus und der Reformation. Im 17. Jahrhundert gründet sich die Universität, deren guten Ruf Studenten aus ganz Europa nach Straßburg führten.

Das 18. Jahrhundert stand im Zeichen des französischen Einflusses und war gleichwohl eine Epoche regen geistigen und künstlerischen Lebens. Große Namen aus der abendländischen Kunst und Wissenschaft waren eng mit der Stadt verbunden. Gleich ob Gottfried von Straßburg, Erwin von Steinbach, Johannes Gutenberg, Theophrastus Paracelsus, bis hin zu Goethe und Herder – sie alle sind durch die Straßen der Grande Ile gewandert und haben deren Ruhm weit über die Lande getragen.

Im Jahre 1789 beseitigte die französische Revolution die alte Straßburger Stadtverfassung und so manches den Revolutionsidealen widersprechende Kunstwerk.

1790 wurde der aufgeklärte, gemäßigte Frédéric de Dietrich zum Bürgermeister gewählt. Um die Kampfbereitschaft der Rheinarmee gegen Österreich zu stärken, bestellte er bei Kapitän Rouget de Lisle ein Kampflied. Die weltberühmte Marseillaise war geboren. Sie trägt deshalb diesen Namen, weil Freiwillige aus Marseille sie auf ihrem Marsch zu nordfranzösischen Schlachtfeldern bekannt gemacht haben.

Die Jahre danach war Straßburg Zankapfel zwischen Deutschland und Frankreich. Nach der französischen Revolution wechselte die Stadt viermal die Seiten. Nach dem Deutsch-Französischen Krieg 1870/71 wird Straßburg Teil des Elsass und kommt 1918 wieder zu Frankreich.

Das Straßburger Münster – Die Seele der Stadt

Victor Hugo nannte das Münster von Straßburg das für die Menschen geschaffene Werk Gottes und das für Gott geschaffene Werk der Menschen. Und er fügte hinzu, er habe nie etwas Erhabeneres gesehen.

Die Kathedrale Notre Dame wird bewundert und hochgeschätzt als eine der überragenden Architekturleistungen des Abendlandes. Ihre Baugeschichte umfasst mehrere Stile und Jahrhunderte. Einflüsse aus allen Regionen des damaligen Europa machten das Straßburger Gotteshaus zu einer europäischen Kathedrale.

Rund um das Münster besitzt Straßburg noch viele Schätze und Sehenswürdigkeiten. Das berühmteste Bürgerhaus liegt nur wenige Schritte vom Münster entfernt: Das Haus Kammerzell, ein ehemaliges Händlerhaus wurde im 15. Jahrhundert im Renaissancestil erbaut. Kein anderer Fachwerkbau der Stadt ist so reich mit Holzschnitzereien geschmückt.

Weitere Sehenswürdigkeiten sind zum Beispiel die Plätze Place du Marché aux Cochons de Lait, Place Gutenberg und Place Kléber. Der Stadtteil La Petite France, dessen Urspünge in das 14. Jahrhundert reichen, ist ein interessantes, gemütliches Geschäftsviertel mit seiner Rue des Dentelles, seiner Brücke Saint-Martin und dem Gerberhaus Maison des Tanneurs.

Ausgehend von La Petite France gelangt man über die Brücke Saint-Martin zu der Ancienne Douane und weiter zum Cour Corbeau am Illufer entlang.

Auch das Kaiserliche Viertel mit seinen im Neoklassischen Stil erbauten Häusern ist einen Besuch wert. Wunderschöne Parks und Gärten, wie der Botanische Garten, der Parc de l'Orangerie, der Parc de Pourtalès und der Jardin des Deux Rives laden zum Verweilen ein.

Auch bietet es sich an, die zahlreichen Museen zu besichtigen, unter anderem das Elsässische Museum, das Palais Rohan und das Historische Museum. Abends lässt man sich von der Musik in der Opéra National du Rhin bezaubern oder lauscht dem Orchestre Philharmonique de Strasbourg.

Zu einem jeden Aufenthalt in Straßburg gehört ein Besuch des europäischen Viertels. Es beginnt an der breiten Allee von Robertsau, am nordöstlichen Stadtrand, die in die Avenue de l'Europe mündet. Der mattsilberne moderne Bau des Palais de l'Europe (Europapalast) und die dahinter am Ufer der Ill gelegenen Bürogebäude des Europaparlaments und der Gerichtshof für Menschenrechte schließen sich an.

Die Namen der Straßen und Gebäude erinnern an die europäische Einigung und ihre Vordenker wie Jean Monnet, Louise Weiß, Winston Churchill, Robert Schumann.

Durch alle Jahrhunderte schlug Straßburg eine Brücke zwischen den Völkern links und rechts des Rheins.

STRASBOURG

Ville frontière avec l'Allemagne, au point de rencontre des cultures germano-romanes, Strasbourg est la capitale de l'Europe. Bâtie sur les bords du Rhin et de l'Ill, la ville est profondément marquée par une histoire riche et mouvementée vieille de deux mille ans. Il fait bon vivre dans cette ville européenne cosmopolite dont le cœur de ville est l'un des plus beaux du monde. Ce centre historique, situé sur la Grande Ile, a été classé patrimoine mondial de l'humanité par l'UNESCO en 1988.

L'origine de la ville remonte aux Romains qui ont érigé un camp militaire du nom d'Argentoratum sur les bords du Rhin. La colonie romaine ayant été détruite par les Barbares, elle a été reconstruite au VIIe siècle sous le nom de Strateburgum, ce qui signifie « bourg sur la route ». C'est là que les serments de Strasbourg furent prononcés par Louis le Germanique et son frère Charles le Chauve, Louis s'exprimant en langue romane et Charles en langue tudesque. Les documents écrits qui nous sont parvenus sont primordiaux du point de vue de l'histoire linguistique car ils attestent pour la première fois de l'existence d'une langue romane et d'une langue tudesque.

Au Moyen-âge, sous l'impulsion du Saint Empire Romain Germanique, la ville de Strasbourg connaît un grand essor, continue à prospérer et atteint son apogée à la Renaissance. Les Strasbourgeois sont alors des citoyens libres, soumis à aucune autorité et qui jouissent de leur indépendance. Après l'invention de l'imprimerie par Gutenberg, le destin de la ville catholique de Strasbourg va changer. Le nouveau média va permettre aux idées humanistes et réformatrices de se propager rapidement et Strasbourg devient au XVIe siècle un centre de l'Humanisme et de la Réforme. Au XVIIe siècle la ville se dote d'une université dont la réputation attire des étudiants de toute l'Europe.

Le XVIIIe siècle, entièrement sous l'influence française, a été une époque de vie intellectuelle et culturelle intense. De grandes personnalités de l'art et de la science sont indissociables de la ville. Godefroy de Strasbourg, Erwin de Steinbach, Jean Gensfleisch dit Gutenberg, Théophraste Paracelse, Goethe et Herder, tous ont flâné dans les rues de la Grande Ile et ont contribué à la faire connaître au-delà des frontières.

En 1789, la Révolution a proclamé la dissolution de la constitution de la ville de Strasbourg et a détruit des œuvres d'art en contradiction avec les idéaux révolutionnaires.

En 1790, Frédéric de Dietrich, homme éclairé et modéré, a été élu maire de Strasbourg. Pour stimuler l'ardeur au combat de l'armée du Rhin, il a commandé au capitaine Rouget de Lisle un chant patriotique qui, chanté par les soldats républicains de Marseille se rendant à Paris, a bientôt pris le nom de Marseillaise.

Plus tard, Strasbourg est devenu pomme de discorde entre la France et l'Allemagne. Après la Révolution, la ville a changé quatre fois de camp. Après la guerre de 1870, l'Alsace et Strasbourg sont annexés par l'Allemagne et redeviennent à la France en 1918.

La cathédrale de Strasbourg – L'âme de la ville

Victor Hugo prétendait ne rien avoir vu de plus beau que la cathédrale de Strasbourg dont il disait que c'est une œuvre de Dieu faite pour les hommes et une œuvre des hommes faite pour Dieu.

La cathédrale Notre-Dame est une des réalisations architecturales les plus remarquables du monde occidental. Sa construction s'étant étendue sur plusieurs siècles, elle réunit des styles très différents. Des influences venues de toutes les régions de l'Europe d'alors ont fait du lieu de culte strasbourgeois une cathédrale européenne.

Tout autour de la cathédrale, Strasbourg possède de nombreux trésors et des attractions touristiques. Le célèbre Hôtel de Ville se trouve à quelques pas de la cathédrale. La Maison Kammerzell, construite au XVe siècle est de style Renaissance. Aucune maison à colombage de la ville n'est plus colorée et plus ornée de sculptures que cette ancienne échoppe de fromager.

La place du Marché aux Cochons de Lait, la place Gutenberg et la place Kléber sont d'autres curiosités.

Le quartier de la Petite France dont l'origine remonte au XIVe siècle est un agréable quartier des affaires avec sa rue des Dentelles, son pont Saint-Martin et sa Maison des Tanneurs. Le long de l'Ill, à partir de la Petite France, on passe sur le pont Saint-Martin pour atteindre l'Ancienne Douane et ensuite la Cour du Corbeau. Le Quartier Impérial Allemand avec ses maisons de style néo-classique mérite également une visite.

De beaux jardins et des parcs luxuriants dans lesquels l'atmosphère est sereine et idyllique, comme le Jardin Botanique, le parc de l'Orangerie, le parc de Pourtalès et le Jardin des Deux Rives invitent à se reposer. Il est ensuite possible de visiter les nombreux musées comme le Musée Alsacien, le Palais Rohan et le Musée Historique.

Le soir, on peut se laisser charmer par la musique de l'Opéra National du Rhin ou de l'Orchestre Philharmonique de Strasbourg.

Un séjour à Strasbourg est incomplet sans la visite du Quartier Européen qui commence dans l'allée de la Robertsau à la périphérie nord-est de la ville pour aboutir dans l'avenue de l'Europe. Au bord de l'Ill se trouve le bâtiment moderne couleur argent du Palais de l'Europe et, derrière ce dernier, les bureaux du Parlement Européen et de la Cour Européenne des Droits de l'Homme.

Les noms des édifices et des rues rappellent les souvenirs liés à l'unification européenne et à ses précurseurs comme Jean Monnet, Louise Weiss, Winston Churchill et Robert Schumann.

Au cours des siècles, Strasbourg a construit un pont entre les peuples en deçà et au-delà du Rhin.

N 28
229
Litres

DER ÄLTESTE WEIN DER WELT
LE VIN LE PLUS VIEUX DU MONDE

Im Jahre 1395 wurde im Straßburger Hospiz der „Historische Weinkeller" gegründet. Dieser in seiner Art einmalige Weinkeller bezeugt die Bedeutung, die dem Wein in der Geschichte des Hospizes zukam. Zu jener Zeit bezahlten die Kranken ihre Behandlung und Pflege oft in Form von Schenkungen von Feldern und Weinbergen. Diese Wohltäter trugen damit zum reichen Erbe und zur Weinbautradition des Hospizes bei.

Mit den Jahren wurde genügend Wein produziert, sodass auch die Patienten in den Genuss von ein bis zwei Litern täglich kamen. So stillte der Wein den Durst, machte den Schmerz erträglich und gab Hoffnung auf bessere Tage.

Das historische Anwesen mit seinem beeindruckenden Gewölbe birgt ein Fülle von Kostbarkeiten. Es beherbergt wahre Meisterwerke der Küferei und das Fass mit dem ältesten Wein der Welt aus dem Jahr 1472. Im Laufe der Jahrhunderte wurde er bei besonderen Ereignissen zum Kosten gegeben. Der bislang Letzte, der in den Genuss dieses edlen Tropfens kam, war General Leclerc im November 1944 bei der Befreiung Straßburgs.

La Cave Historique a été fondée en 1395 dans l'enceinte de l'hôpital de Strasbourg. Cette cave unique en son genre témoigne de l'importance que le vin a prise dans l'histoire de cette institution.

Autrefois, les malades payaient les soins qui leur étaient prodigués par des dons ou des legs consistant très souvent en terrains et en vignobles. Peu à peu, le patrimoine foncier de l'Hôpital s'est agrandi et la culture de la vigne s'est développée. Au fil des ans, la production de vin était devenue telle qu'il a été possible d'en faire bénéficier les malades selon le principe que le vin apaise la soif, rend la douleur plus supportable et donne l'espoir de connaître des jours meilleurs. La ration quotidienne de chaque patient était alors de un à deux litres.

La visite de cette demeure historique et de sa magnifique cave voûtée permet au visiteur de découvrir des chefs d'œuvre uniques de la tonnellerie et le fût qui contient un cru de 1472, le vin le plus vieux du monde. Au cours des siècles, ce vin inestimable a donné lieu à des dégustations à l'occasion de grands évènements. Le général Leclerc a été le dernier à le goûter lors de la libération de Strasbourg en novembre 1944.

CAVE HISTORIQUE
DES HOSPICES DE STRASBOURG
Directeur Eric Heller
1 place de l'Hôpital, F-67091 Strasbourg
Tél. 00 33 (0) 388 / 11 64 50
www.vins-des-hospices-de-strasbourg.fr

HOMMAGE AN DIE STERNEKÜCHE
HOMMAGE À LA CUISINE ÉTOILÉE

In ihrem Restaurant Gavroche, mitten in Straßburgs historischem Stadtviertel Kruthenau, pflegen Nathalie und Benoit Fuchs seit 22 Jahren ihre herzliche Gastlichkeit und bereiten kulinarische Gaumenfreuden für die Gäste.

Stilvoll, elegant und modern präsentiert sich das Restaurant mit behaglicher Atmosphäre und seinem unaufdringlichen, zuvorkommenden Service.

Benoit Fuchs, sein Sohn Alexis und das Küchenteam verstehen sich auf die moderne französische Küche, klassisch inspiriert, mit dem aromatischen Zusammenspiel bester regionaler Produkte, täglich neu orientiert am heimischen Markt. Während seiner Lehr- und Wanderjahre durchlief er beeindruckende Stationen bei den großen elsässischen Meistern, Daniel Letz in Kopenhagen, bis hin zu den Luxusschiffen in Miami.

Als eine seiner Spezialitäten empfiehlt sich Rehfilet mit schwarzen Trüffeln, Selleriepüree und Haselnussbutter. Korrespondierende Weine komplettieren den Genuss.

Die Auszeichnung mit einem Michelin-Stern im Februar 2013 ist ein großer Erfolg für Nathalie und Benoit Fuchs und steht für Qualität auf höchstem Niveau.

Au cœur du quartier historique de Strasbourg, la Krutenau, Nathalie et Benoit Fuchs réservent dans le « Gavroche » leur accueil chaleureux et les plaisirs culinaires à leurs clients depuis 22 ans.

Le restaurant, à la fois classe, moderne et élégant, dispose d'une atmosphère agréable et propose un service discret et courtois.

Benoit Fuchs, son fils Alexis et l'équipe excellent dans la cuisine française moderne, inspirée par le classique, mettant en avant l'interaction aromatique des meilleurs produits régionaux et réinventée chaque jour en fonction du marché local.

Le filet de chevreuil aux truffes noires, accompagné d'une purée de céleri et d'un beurre noisette est l'une de ses spécialités. Les vins assortis viennent compléter ce plaisir.

Des grands maîtres alsaciens aux paquebots de luxe de Miami en passant par Daniel Letz à Copenhague, toutes les étapes de ses années de formations et de voyages sont impressionnantes.

L'étoile au Guide Michelin reçue en février 2013 est un réel succès pour Nathalie et Benoit Fuchs et témoigne de la qualité extrêmement élevée de leur cuisine.

ASIATISCHE ROLLE MIT TASCHENKREBSEN
UND GAMBAS AN ZITRONENGRAS-EMULSION
NEM DE TOURTEAU ET GAMBAS
ET L'ÉMULSION À LA CITRONNELLE
Dieses Rezept finden Sie auf der Seite 96
Vous trouverez cette recette à la page 96

RESTAURANT GAVROCHE
4 rue Klein, F-67000 Strasbourg
Tél. 00 33 (0) 388 / 36 82 89
www.restaurant-gavroche.com

KULINARIK UND KUNST
GASTRONOMIE ET ART

Nur noch die Häuser im Quartier Finkwiller zeugen von dem ehemals landwirtschaftlich geprägten Stadtteil am Ufer der Ill. In einem dieser historischen Häuser haben Clément Fleck und seine Frau Carole 2004 das Restaurant L'Escale aux Quais eröffnet.

Liebevoll dekoriert präsentieren sich die Stuben und lenken den Blick auf Cléments ausgefallene Gemälde, die kulinarische Augenblicke festhalten und seine eigenwilligen Inspirationen für feinste Produktverarbeitung in Szene setzen.

Küchenchef Clément Fleck begeistert die Gäste mit seiner kreativen französischen Küche, mit vielfältig interpretierten Köstlichkeiten, aber immer bodenständig orientiert am saisonalen und regionalen Markt. Seine Kochkunst hat er unter anderem in Kanada bei Martin Picard und bei Hubert Metz in Rosheim perfektioniert.

Ihm zur Seite steht Carole mit ihrer warmen und herzlichen Art. Sie kümmert sich um den guten Service und vor allem, gemäß ihrer Ausbildung zur Sommelière, um eine kompetente, persönlich gestaltete Weinauswahl.

Dans le quartier de Finkwiller qui est situé sur les berges de l'Ill, seules les maisons témoignent de son passé à prédominance agricole. Clément Fleck et sa femme Carole y ont ouvert en 2004, dans une maison historique, le restaurant L'Escale aux Quais.

Les pièces décorées de manière somptueuse et avec beaucoup de soin attirent l'attention sur les tableaux originaux de Clément. Réalisés avec la technique acrylique, ils mettent en scène un moment culinaire et présentent ses inspirations originales pour traiter, comme en cuisine, *le produit de la meilleure des façons.*

Toujours en fonction du marché saisonnier et régional, le chef cuisinier Clément Fleck ravit ses clients en leur proposant une cuisine française composée de plats exquis qu'il ne cesse de recréer. Il a perfectionné son art culinaire notamment au Canada chez Martin Picard et à Rosheim chez Hubert Metz.

À ses côtés se tient Carole, une femme chaleureuse et conviviale. Elle se distingue par la qualité de son service et surtout, en raison de sa formation de sommelière, par ses recommandations professionnelles concernant la carte des vins.

MÜRBETEIGTÖRTCHEN MIT ÄPFELN
TARTELETTE SABLÉE AUX POMMES
Dieses Rezept finden Sie auf der Seite 98
Vous trouverez cette recette à la page 99

RESTAURANT
L'ESCALE AUX QUAIS
Carole & Clément Fleck
2 quai Finkwiller, F-67000 Strasbourg
Tél. 00 33 (0) 3 88 / 37 32 34
www.escale-aux-quais.com

DIE KULTUR DES KÄSES
FROMAGE ET CULTURE

In Straßburgs Altstadt, unweit vom Münster, liegt idyllisch das La Cloche à Fromage. Das Restaurant hat sich mit seiner gewaltigen Käseglocke, unter der im Laufe des Jahres mehr als 200 verschiedene Rohmilchkäse angeboten werden, einen Spitzenplatz erobert. 1989 wurde diese Käseglocke im Guinness-Buch als die größte der Welt verzeichnet. In diesem Restaurant, das in seiner Art einmalig ist, erwartet den Gast ein ganz besonderes Feinschmeckererlebnis.

René Tourrette, der bekannteste Affineur des Elsass, begleitet und begeistert mit Erzählungen seine Gäste während des Essens von Käseköstlichkeiten wie Fondues und Raclettes oder frischen Fleisch- und Fischgerichten, versehen mit einem Touch Käse.

Seine Geschichten drehen sich um die Trilogie von Wein, Brot und Käse und um die enge Beziehung zwischen dem Käse und der Geschichte Frankreichs.

Mit Kreativität und seiner profunden Kenntnis der Rinder-, Schaf- und Ziegenrassen, der Regionen und der jahreszeitlichen Besonderheiten, gelingt es ihm, dem Meister seiner Zunft, perfekte Produkte zu schaffen. Alle Käsesorten reifen dabei im eigenen Reifungskeller.

Non loin de la cathédrale de Strasbourg se trouve « La Cloche à Fromage ». Ce superbe restaurant est connu dans le monde entier pour son imposante cloche à fromage sous laquelle passent dans le courant de l'année plus de 200 variétés de fromage au lait cru. En 1989, elle a été inscrite dans le Guinness des Records comme étant la cloche à fromage la plus grande du monde.

René Tourrette conseille ses hôtes tout au long du repas et leur communique son enthousiasme pour ses délicieux fromages en leur racontant des histoires tournant autour de la trilogie sacrée du fromage, du pain et du vin. Il connaît une multitude d'anecdotes qui mettent en évidence les liens unissant depuis toujours le fromage et l'Histoire de France.

S'appuyant sur ses connaissances des terroirs, des bêtes et des saisons, il met toute sa créativité et son savoir-faire à produire des fromages d'une qualité et d'un goût parfaits.

Les fondues et les raclettes originales servies dans le restaurant sont réputées ainsi que les plats cuisinés à partir de viandes et de poissons frais de qualité qui ont toujours une touche de fromage. Les fromages du meilleur Maître Fromager Affineur de France René Tourrette peuvent être achetés dans ses nombreuses boutiques comme celle qui est en face du restaurant.

LA CLOCHE À FROMAGE
René Tourrette
27 rue des Tonneliers, F-67000 Strasbourg
Tél. 00 33 (0) 388 / 23 13 19
www.laclocheafromage.com

EIN SCHÖNES STÜCK STRASSBURG
UN PETIT COIN DE STRASBOURG

Inmitten der historischen Altstadt von Straßburg, wenige Schritte vom Münster entfernt, zeigt sich das Muensterstuewel in altem und neuem Gewand.

Jérôme Daull und seine Tochter Corinne haben der renommierten Weinstube, mit der Kombination von Restaurant, Weinstube und Brasserie gourmande, eine neue Identität gegeben.

Elegan-ländliches Ambiente setzt auf rustikale, geschmackvolle Details, die den Räumlichkeiten Schmuck und behagliche Atmosphäre geben.

An den Wänden weisen Tomi Ungerers verwegene Karikaturen einer übersättigten Gesellschaft dem Gast den Weg in den köstlichen Bereich der Brasserie.

Der aufmerksame Service unter der Leitung der charmanten Corinne Daull vermittelt Wohlbefinden und verwöhnt mit klassisch-elsässischen wie auch französischen Gerichten von hoher Qualität, begleitet von den dazu passenden Weinen.

Sternekoch Jérôme Daull lässt mit seiner Kochkunst, gleich ob Choucroute-Royale, Königinnenpasteten, Kalbsnieren oder Baguette flambée nachhaltig die neue Identität seines Hauses spüren.

Dans le centre historique de Strasbourg, à quelques pas de la cathédrale, le célèbre Muensterstuewel se présente sous son aspect à la fois traditionnel et contemporain.

En associant le restaurant, la winstub et la brasserie gourmande, Jérôme et sa fille Corinne lui ont donné une nouvelle identité. Le cadre rustique est décoré avec goût et l'atmosphère qui s'en dégage est chaleureuse et élégante. Aux murs, les caricatures osées de Tomi Ungerer qui dénoncent une société sursaturée indiquent au visiteur le chemin de la Brasserie gourmande. Sous la charmante direction de Corinne Daull, le service est attentif et tout est fait pour le bien-être des hôtes. Les plats, aussi bien typiquement alsaciens que traditionnellement français, font la joie du gourmet et l'accompagnement des vins est parfait.

Le cuisinier étoilé Jérôme Daull déploie tous ses talents dans la préparation de sa choucroute royale, de ses bouchées à la reine, de ses rognons de veau ou de sa baguette flambée soulignant par cela la nouvelle identité de son établissement.

LACHS-TATAR UND HAUSGEBEIZTER LACHS
TARTARE SAUMON ET GRAVLAX
Dieses Rezept finden Sie auf der Seite 97
Vous trouverez cette recette à la page 97

MUENSTERSTUEWEL
RESTAURANT-WINSTUB-BRASSERIE GOURMANDE
Jérôme Daull
7–8 place du Marché aux Cochons de Lait
F-67000 Strasbourg
Tél. 00 33 (0) 3 88 / 32 17 63
www.muensterstuewel.fr

Christian 73%

LEIDENSCHAFT UND KREATIVITÄT
PASSION ET CRÉATIVITÉ

Auf der Suche nach der genussreichen, süßen Seite des Lebens kommt man in Straßburg nicht an der berühmten Pâtisserie Christian vorbei. Das Renaissancehaus mit seiner bunten Fassadenmalerei von Edgar Mahler ist schon von außen ein Blickfang.

Seit über 60 Jahren ist die Pâtisserie unter der Ägide von Christian Meyer eine weit über die Landesgrenzen hinaus bekannte Adresse feinster Gaumenfreuden.

Den Gast erwartet hier ein stilvoll und klar eingerichteter Teesalon. Deckenmalereien und viele farblich abgestimmte Details fügen sich harmonisch ein.

Seit den 1980er-Jahren halten nun zwei Generationen, Christian Meyer mit Tochter Isabelle und Sohn Christophe, dieses Juwel in Familienhand.

Christophe, der nach Jahren der Ausbildung in Europa und den USA in die elterliche Patisserie zurückgekehrt ist, teilt mit seinem Vater Christian die Leidenschaft für Schokolade.

A Strasbourg, les amateurs de bons gâteaux et de délicieuses friandises n'ont qu'un nom et une adresse en tête : la célèbre Pâtisserie Christian au 12, rue de l'Outre. Avec sa façade Renaissance peinte en trompe-l'œil par Edgar Mahler, cette pâtisserie attire tous les regards. Sous l'égide de Christian Meyer depuis plus de 60 ans, sa réputation de paradis pour gourmands a franchi toutes les frontières.

L'élégant salon de thé accueille ses hôtes dans un cadre aux lignes pures. Sous les peintures du plafond, les couleurs jouent harmonieusement entre elles et l'atmosphère est chaleureuse. Ce lieu ravissant est dirigé depuis les années 80 par Christian Meyer, son fils Christophe et sa fille Isabelle.

Christophe, qui a réintégré la pâtisserie paternelle après ses années d'apprentissage et ses stages en Europe et aux Etats-Unis, partage avec son père la passion du chocolat.

Leurs chocolats et leurs pralinés aux saveurs variées et quelque peu exotiques sont de véritables chefs-d'œuvre. Leurs gâteaux, leurs petits-fours et leurs viennoiseries sont autant de petits poèmes symphoniques. Particulièrement réputés sont leurs pâtisseries au pamplemousse rose et coriandre, leurs pines de pin caramélisées, leur chocolat blanc Pierre de Lune et le gâteau au chocolat Christian.

Selon Christophe, on ne peut élaborer de tels délices qu'à partir de matières premières de qualité irréprochable dont la sélection est faite rigoureusement. C'est ainsi que les citrons utilisés viennent de Nice, la bergamote fraîche de Sicile.

Schokoladen und Pralinen schmecken nach Ferne, nach Orient, und präsentieren sich als wahre Kunstwerke. Kuchen und Feingebäck kommen kleinen sinfonischen Dichtungen gleich. Besondere Aufmerksamkeit verdienen die Kuchen von rosa Pampelmuse und Koriander, die karamellisierten Pinienkerne, die weiße Schokolade Pierre de Lune oder der Schokoladenkuchen Christian.

Nach Christophs Worten entstehen solche Köstlichkeiten nur unter Verwendung von Rohstoffen bester Qualität. Zitronen kommen aus Nizza, frischer Bergamotte aus Sizilien, Kakaobohnen stammen von führenden Plantagen in Mexico, Vietnam, Guatemala.

Christian war der erste Chocolatier in Europa, der Kakao aus Vietnam und von der westafrikanischen Insel Sao Tomé gekauft hat. Über 30 Sorten feinster Kakaobohnen in großen weißen Säcken lagern derzeit in seiner Arbeitsstätte.

Isabelle Meyer präsentiert ihr Restaurant in einem schönen historischen Haus in der Rue de Merzière mit freiem Blick auf das Straßburger Münster. Die erfahrene Köchin, die u.a. bei Mischler in Lembach und Emile Jung in Straßburg gelernt hat, pflegt eine saisonale, am Markt orientiert und frische Küche, die nichts zu wünschen übrig lässt. Fazit: Die Familie Meyer steht für Arbeit, Talent und Erfolg.

Seules les meilleures fèves de cacao entrent en ligne de compte pour l'élaboration des chocolats. On va les chercher dans les meilleures régions du monde et, chose remarquable, Christian a été le premier Chocolatier d'Europe à importer des fèves de cacao du Vietnam et de l'île du Chocolat Sao Tomé et Principe. Dans le laboratoire de la pâtisserie se trouvent actuellement, dans de grands sacs blancs, plus d'une trentaine de sortes de chocolat fin. Mais la qualité n'est pas le seul critère déterminant dans le choix des matières premières. La famille Meyer favorise dans une grande mesure le commerce équitable.

Isabelle Meyer dirige le restaurant Christian installé dans une vieille maison de la rue de Merzière avec vue imprenable sur la cathédrale. Cette cuisinière émérite a fait ses classes avec Emile Jung au Crocodile et Fernand Mischler à Lembach. Elle prépare elle-même des plats savoureux très appréciés des Strasbourgeois mais aussi des touristes pour qui l'enseigne Christian est une référence. Sa cuisine soignée, à base de produits régionaux frais, varie selon les jours et les saisons.

La famille Meyer est une famille qui sait ce que les mots travail, talent et succès signifient.

PÂTISSERIE CHRISTIAN
Familie Meyer
12 rue de l'Outre, F-6700 Strasbourg
Tél. 00 33 (0) 3 88 / 32 04 41
www.christian.fr

REFUGIUM DER DÜFTE
L'ANTRE DES SENTEURS

In ihrem Paradies der Honiggewürzkuchen in Straßburgs historischem Stadtviertel La Petite France begrüßt Mireille Oster ihre Kunden mit großer Herzlichkeit und Wärme.

Beim Betreten dieses Refugiums der Düfte fühlt man sich mit der Sphärenmusik im Hintergrund und der Darbietung unterschiedlichster Honiggewürzkuchen dem Alltag entrückt.

Seit ihrer Kindheit hütet Mireille ihren „Sinn für Musik und für das Schöne" wie einen Schatz.

Ihr Beruf ist ihre Berufung. Für sie bedeutet es Erfüllung, als Botschafterin der Gewürze über die Landesgrenzen hinweg im mittleren Orient sowie in Asien neue Menschen kennenzulernen. Das macht ihr Leben aus.

Ihre Reisen, ob nach Beirut oder nach China, inspirieren sie jedes Mal aufs Neue. Sie bringt Gewürze mit, die sich wunderbar in ihre Rezepte einfügen. Mit Orangenblüten, Feigen, kandierter Melone, Pekannüssen, Cashewkernen und sogar Goji-Beeren kreiert sie traditionelle Rezepte. Ihr Sonnenbrot, Engelsbrot, die Chinesische Nacht und all die anderen sind wahre Köstlichkeiten.

C'est dans le quartier historique de Strasbourg „La Petite France", au 14 de la rue des Dentelles, dans son paradis du pain d'épices que Mireille Oster réserve à ses clients un accueil des plus chaleureux.

En pénétrant dans cet antre des senteurs, vous oubliez le monde extérieur car vous êtes séduit par une douce musique d'ambiance et la grande diversité des pains d'épices qui s'offrent à votre vue.

Depuis son enfance, Mireille cultive soigneusement son goût de la musique et des belles choses. Sa profession est sa vocation. En tant qu'ambassadrice des épices, elle est sans cesse amenée à faire de nouvelles rencontres au-delà des frontières régionales, au Proche Orient comme en Asie. Ce n'est pas seulement gratifiant pour elle, c'est l'essence même de sa vie.

Ses voyages, que ce soit à Beyruth ou en Chine, sont toujours une source d'inspiration. Elle en rapporte des épices qu'elle marie merveilleusement avec ses recettes. Avec des fleurs d'oranger, des figues, des melons candis, des noix de pecan et de cajou ou bien des baies de goji, elle recrée les recettes traditionnelles. Le Pain Soleil, le Pain des Anges, la Nuit de Chine et bien d'autres choses encore sont des délices.

REHFILET MIT GOJI-BEEREN
AN SAUERKRAUT-CONFIT
FILET DE CHEVREUIL, BAIES DE GOJI
AU CONFIT DE CHOUCROUTE
Dieses Rezept finden Sie auf der Seite 100
Vous trouverez cette recette à la page 100

PAIN D'ÉPICES
Mireille Oster
14 rue des Dentelles, F-67000 Strasbourg
Tél. 00 33 (0) 3 88 / 32 33 34
www.mireille-oster.com

NOBLES WOHNEN IN HISTORISCHEM GEMÄUER
HABITATION NOBLE DANS UN CADRE HISTORIQUE

Kinderträume wurden wahr: Der heimatverbundene Jurist Denis Jung, Bürger aus Straßburg, hat seinen Traum vom eigenen Hotel gemeinsam mit seiner Frau Deborah im Sommer 2012 verwirklicht. Im historischen Stadtteil La Petite France legte er den Grundstein für eine künftige Hoteltradition.

Ihm, dem leidenschaftlichen Verfechter und Bewahrer elsässischer Kultur, ist es nach Jahren mühevoller Arbeit gelungen, das ehemalige großbürgerliche Haus in der rue du Bouclier in eine noble Residenz zu verwandeln.

Eile und Hast sind hier nicht zu Hause, stattdessen ist die Aura der Vergangenheit spürbar. Dem Kunstliebhaber eröffnet sich eine mit Geschichte bestückte Welt. Das Interieur, gleich ob Schränke oder Gemälde, spiegelt die Stilrichtungen der vergangenen vier Jahrhunderte wider.

Rêves d'enfant réalisés. Très attaché à sa ville natale de Strasbourg, le juriste Denis Jung a réalisé avec sa femme Déborah, en été 2012, son rêve de devenir hôtelier.

Dans le quartier historique « La Petite France », il a posé la première pierre d'un hôtel promis à une longue tradition. Ce défenseur passionné de la culture alsacienne a réussi après des années de travail ardu à transformer une maison bourgeoise située 1, rue du Bouclier en une élégante résidence.

Le lieu fait oublier l'agitation de la ville. Le souffle du passé y est perceptible. L'amateur d'art voit s'ouvrir devant lui un monde imprégné d'histoire dans lequel tout, aussi bien les armoires que les tableaux, est représentatif des styles des quatre derniers siècles.

La fresque murale en bon état, l'escalier en colimaçon du 16e siècle qui a été restauré et la colonne en gothique flamboyant contribuent également à conserver l'esprit de cette maison.

Das gut erhaltene Wandfresko, die restaurierte Wendeltreppe aus dem 16. Jahrhundert und die spätgotische Säule geben beredt Zeugnis vom Geist dieses Hauses.

Das Bouclier d'Or verfügt über 22 Zimmer und Suiten. Klassisch-elsässisch und großbürgerlich ist deren Einrichtung, mit viel Platz und höchstem Komfort.

Und, wie die Tradition es verlangt, erwarten den Gast sowohl im Teesalon als auch in der Bar Le Meyerhof elsässische Kuchen, von Denis Jung hausgebacken.

Dazu schmeckt ein Glas Crémant aus der Familien-Domaine Le Meyerhof.

Für denjenigen, der darüber hinaus noch mehr Erholung und Entspannung sucht, steht das einmalig schöne Spa „L'Ecrin du Bien-Etre" im historischen Gewölbe zur Verfügung.

Le Bouclier d'Or dispose de 22 chambres et suites spacieuses et confortables aménagées dans le style caractéristique de la haute bourgeoisie alsacienne.

Et, comme la tradition le veut, le client y trouve aussi bien dans le salon de thé que dans le bar « Le Meyerhof » de la pâtisserie alsacienne faite par Monsieur Jung lui-même. Les délicieux gâteaux s'accompagnent merveilleusement d'un verre de crémant provenant du domaine familial « Le Meyerhof ».

Le magnifique spa « L'Écrin du Bien-Être » attend sous sa voûte plusieurs fois centenaire celui qui a soif d'encore plus de détente, d'encore plus de repos.

HOTEL
LE BOUCLIER D'OR
1 rue du Bouclier, F-67000 Strasbourg
Tél. 00 33 (0) 388 / 13 73 55
www.lebouclierdor.com

REZEPTE

ASIATISCHE ROLLE MIT TASCHENKREBSEN UND GAMBAS AN ZITRONENGRAS-EMULSION

Restaurant Gavroche, Seite 78

ZUTATEN

250 g Fleisch von Taschenkrebsen, 4 Gambas, 10 g frischer Ingwer, 20 g frischer Koriander, 5 g frischer Knoblauch, 1 Päckchen Kadayif (Engelshaar – wie man es in der orientalischen Patisserie verwendet), 70 g geklärte Butter

ZITRONEN-EMULSION

500 g Crème fraîche, 500 ml Milch, 2 Stengel Zitronengras, Salz, Pfeffer

ZUBEREITUNG

Die Emulsion im Voraus zubereiten: Milch und Crème fraîche zum Kochen bringen, das Zitronengras in kleinen Stückchen dazugeben und einige Stunden ziehen lassen, salzen und pfeffern und durch ein Spitzsieb passieren.
Für die asiatische Rolle das Krebsfleisch zerkleinern und in eine Schüssel geben und beiseite stellen, Ingwer und Knoblauch schälen und fein hacken, Koriander fein schneiden. Alles miteinander vermischen, salzen und pfeffern.
Eine feine Schicht Kadayif ausbreiten, etwas von dem vermengten Krebsfleisch daraufgeben, eine Rolle formen und mit Hilfe von etwas geklärter Butter zusammenkleben, in einer Pfanne goldgelb bräunen.
Gambas entschalen, salzen und pfeffern, und grillen.
Die Frühlingsrollen und Gambas auf einen Teller geben und heiß servieren
Mit Hilfe eines Handmixers die Emulsion aufschäumen, einige Löffel davon um die Gambas verteilen und nach Fantasie, zum Beispiel mit einigen Chicorée-Blättern, dekorieren.

NEM DE TOURTEAU ET GAMBAS ET L'ÉMULSION À LA CITRONNELLE

Restaurant Gavroche, Seite 78

INGRÉDIENTS POUR 4 PERSONNES

250 g de chair de tourteau, 4 gambas, 10 g de gingembre frais, 20 g de coriandre frais, 5 g d'ail frais, 1 paquet de Kadayif (cheveux d'anges utilisés dans la pâtisserie orientale), 70 g de beurre clarifié

POUR L'ÉMULSION À LA CITRONNELLE

50 cl de crème fraiche, 50 cl de lait, 2 bâtons de citron „thai", sel, poivre

PRÉPARATION

Préparez l'émulsion à la citronnelle à l'avance, amenez le lait et la crème à ébullition, y rajouter les bâtons de citron „Thai" en petits morceaux et laissez infuser quelques heures, salez et poivrez, puis passez au chinois.
Préparation de nems : concassez la chair de tourteau, réservez dans un bol, épluchez et hachez finement le gingembre et l'ai. Ciselez la coriandre, mélangez le tout, salez et poivrez.
Étalez une fine couche de Kadaif, rajoutez-y un peu de mélange de tourteau et formez un rouleau à l'aide d'un peu de beurre clarifié fondu pour coller l'ensemble
Faites-les dorer dans une poêle.
Décortiquez les gambas, salez et poivrez, faites-les griller à la plancha (ou utilisez un grill ou une poêle).
Servir chaud.
Dressez les nems et les gambas sur les assiettes à l'aide d'un mixeur à branche, faites mousser l'émulsion et versez-en quelques cuillères autour des gambas.
Décorez les assiettes selon votre inspiration avec quelques feuilles d'endives, jeunes pousses diverses.

RECETTES

LACHS-TATAR UND HAUSGEBEIZTER LACHS

Muensterstuewel, Seite 84

ZUTATEN FÜR 4–6 PERSONEN

LACHS-TATAR

600 g Lachs, filetiert, 1/2 Topf Dill, 2 unbehandelte Zitronen, Salz und Pfeffer

GRAVLAX (HAUSGEBEIZTER LACHS)

1 kg Lachs, 2 EL Zucker, 6 EL Salz, 1 EL Wacholderbeeren, 1 EL weiße Pfefferkörner, etwas Zitronenschale, etwas Orangensaft, 4 Bund Dill

ZUBEREITUNG

Für das Tatar den Lachs waschen und trocken tupfen, in kleine Würfel schneiden und in eine Schüssel geben. Öl, Salz und Pfeffer dazugeben, vermengen und 30 Minuten im Kühlschrank ziehen lassen. Danach etwa 2 Esslöffel Zitronensaft und den klein gehackten Dill dazugeben.
Für den Gravlax den Lachs filetieren und entgräten. Kurz waschen, mit Küchenkrepp trockentupfen. Mit der Hautseite nach unten auf eine Platte legen. Salz mit Zucker und Pfeffer vermischen, das Fleisch damit einreiben. Gewiegten Dill darüber streuen.
Die beiden Lachshälften aufeinander legen, Hautseite nach außen. Mit Klarsichtfolie abdecken und einem Brett beschweren. Im Kühlschrank 2 Tage beizen, dabei täglich mehrmals mit der sich bildenden Beizflüssigkeit begießen und gelegentlich umdrehen. Danach den Lachs trockentupfen, mit der Hautseite nach unten auf ein Brett legen. Den Dill abschaben. Mit einem Lachsmesser in Scheiben schneiden.
Lachs-Tatar und gebeizte Lachsscheiben auf einer Platte mit frischem Dill bestreuen und mit grünem Salat und Gurkenscheiben servieren.

TARTARE SAUMON ET GRAVLAX

Muensterstuewel, page 84

INGRÉDIENTS POUR 4–6 PERSONNES

TARTARE SAUMON

600 g de saumon frais, 1/2 botte d'aneth, 2 citrones, bio, sel et poivre

GRAVLAX

1 kg de saumon, 2 c.s. de sucre, 6 c.s. de sel, 1 c.s. de baies de genièvre, 1 c.s. de baies de poivre, le zeste d'un citron, jus d'une orange, 4 bottes d'aneth frais

PRÉPARATION

Tartare Saumon : Lavez et égouttez le saumon. Taillez le saumon en petits dés. Ajoutez de l'huile, sel et poivre, mélangez le tout et placez-le au congélateur. Laissez reposer le saumon 30 minutes.
Après, ajouter le jus des citrons bio et l'aneth haché.
Gravlax : Désarêtez et taillez le saumon en deux morceaux. Lavez-les et égouttez-les. Déposez le premier morceau côté peau sur un plat. Mélangez le sel, le sucre et le poivre et frottez-en la chair. Coupez l'aneth avec un hachoir et badigeonnez le saumon avec l'aneth haché. Déposez l'autre morceau côté chair.
Recouvrez avec un film et alourdir avec une planche. Laissez mariner et reposer 2 jours dans le réfrigérateur. Arrosez le saumon avec la marinade plusieurs fois par jour.
Egouttez le saumon et déposer-le côté peau sur une planche. Manchonnez l'aneth et taillez le saumon avec un couteau spécial.
Dressez le tartare de saumon et les tranches de gravlax sur une assiette et couvrez avec l'aneth. Servir avec une salade verte et des tranches de concombre.

REZEPTE

MÜRBETEIGTÖRTCHEN MIT ÄPFELN

Restaurant L'Escale aux quais, Seite 80

ZUTATEN

MÜRBETEIGSTREUSEL

100 g Mandeln, gemahlen, 100 g Haselnüsse, gemahlen, 200 g Mehl, 200 g Zucker, 200 g Butter

TANARIVA-GANACHE

225 ml Sahne, 220 ml Invertzucker, 25 g Glukose, 360 g Tanariva-Kuvertüre, 635 ml Sahne

POMMES CONFITES (KARAMELLISIERTE ÄPFEL)

4 Äpfel, Butter nach Belieben, Zucker nach Belieben

KARAMELLGEBÄCK

320 g Zucker, 95 g Glukose, 255 g Butter, 110 ml Milch, 5 g Pektin, 50 g Mehl

OPALINE („OPALGLAS")

250 g Zucker, 180 g Glukose

ZUBEREITUNG

Für die Mürbeteigstreusel in einer Rührschüssel Mandeln, Haselnüsse, Mehl und Zucker vermengen und in kleinen Stücken die Butter darunter verarbeiten.

Den Teig aus der Schüssel nehmen, zu Streusel abreiben, in eine runde Backform drücken und bei 180 °C 10 Minuten backen.

Ganache mit Tanariva: Die Sahne zum Kochen bringen, die Glukose und den Invertzucker unterheben. Alles auf die geschmolzene Schokoladenmasse (Tanariva) geben und homogenisieren. Das Ganze lauwarm mit dem zweiten Teil der Sahne vermischen.

Glasierte Äpfel: Die Äpfel mit einem Pariser Löffel in kleine Kugeln ausstechen. In Butter anschwitzen und den Zucker und etwas Wasser dazugeben und zugedeckt garen. Braun glacieren.

Für das Karamellgebäck alle Zutaten außer dem Mehl zum Kochen bringen, vom Feuer nehmen und das Mehl einrühren. Die Masse auf ein Backpapier gießen und im Backofen bei 180 °C bräunen lassen. Nach dem Backen in kleine Kreise schneiden.

Für das „Opalglas" Zucker und Glukose bei 160 °C kochen und auf ein Blatt Backpier gießen und erkalten lassen. Dann pulverisieren und in eine Schablone (Apfelform) einstäuben.

Im Backofen bei 120 °C die pulverisierte Zuckermasse schmelzen, aus dem Ofen holen, erkalten lassen und aus der Schablone nehmen.

FERTIGSTELLUNG

Zum Schluss auf die Mürbeteigtörtchen die kandierten Apfelkugeln setzen, danach die Ganache, das Karamellgebäck und obendrauf die Opalin-Scheibe in Apfelform setzen. Dazu können ein Sorbet von Granny Smith und Apfelkompott gereicht werden.

RECETTES

TARTELETTE SABLÉE AUX POMMES

Restaurant L'Escale aux quais, page 80

INGRÉDIENTS

STREUSSEL

100 g de poudre d'amandes, 100 g de poudre de noisettes, 200 g de farine, 200 g de sucre, 200 g de beurre

GANACHE MONTÉE TANARIVA

225 g de crème, 25 g de sucre inverti, 25 g de glucose, 360 g de Tanariva, 635 g de crème

OPALINE

250 g de sucre, 180 g de glucose

TUILE CARAMEL

320 g de sucre, 95 g de glucose, 255 g de beurre, 110 g de lait, 5 g de pectine, 50 g de farine

POMMES CONFITES

4 pommes, PM de beurre, PM de sucre

PRÉPARATION

Streussel : réunir tous les éléments secs dans la cuve du batteur, mélanger en incorporant le beurre taillé en parcelles. Débarrasser la pâte. Une fois refroidie, l'étaler et la cuire dans les cercles au four à 180 °C pendant 10 minutes.

Ganache montée Tanariva : porter à ébullition la crème, le glucose et le sucre inverti. Verser sur la couverture fondue et homogénéiser le tout. Laisser tiédir et incorporer la deuxième partie de la crème.

Réserver au froid et au moment, serrer et réserver en poche.

Opaline : cuire le mélange à 145 °C puis refroidir sur une feuille siliconée. Pulvériser et tamiser sur un chablon rond, chablon de pomme. Fondre à 120 °C pendant 3 minutes.

Tuile caramel : porter à ébullition tous les ingrédients sauf la farine, incorporer cette dernière au mélange hors du feu. Verser le tout sur une feuille de cuisson et faire colorer au four à 180 °C, dès la sortie détailler des cercles.

Pommes confites : détailler des billes de pommes avec une cuillère à pomme parisienne. Les faire suer au beurre, ajouter le sucre, un peu d'eau et cuire à couvert. Les glacer à brun.

FINITION/DRESSAGE

Garnir un sablé en alternant pommes confites et ganaches Tanariva, surmonter d'une tuile caramel et terminer avec l'opaline. Décorer l'assiette de points de compote et avec un sorbet granny.

REZEPTE

REHFILET MIT GOJI-BEEREN AN SAUERKRAUT-CONFIT

Pain d'Épices Mireille Oster, Seite 90

ZUTATEN FÜR 4 PERSONEN

800 g Rehfilet, 60 g Butter, 2 Schalotten, 24 Goji-Beeren, 1 Brokkoli, 8 Stücke vom hausgemachten Gewürz-Früchte-Nussriegel, 4 TL Sauerkraut-Confit mit 7 Gewürzen, 20 g frischer Ingwer, 5 g Voatsiperifery-Pfeffer, 2 TL Maldon Meersalz, 4 frische Pfefferschoten aus Espelette (Piment d'Espelette)

ZUBEREITUNG

Den Brokkoli zugedeckt in wenig Wasser bissfest kochen. Pfeffer, Salz, Ingwer in einer Pfanne ohne Fett anrösten und danach im Mörser zerstoßen.

Das Rehfilet mit einer Schere klein schneiden, die Schalotten in Butter leicht anbräunen, das Filet darin anbraten, die Gewürze darüber streuen, Pfefferschoten dazugeben und anbräunen lassen.

Die für 20 Minuten eingeweichten Goji-Beeren und 8 Stücke von dem Gewürz-Früchte-Nussriegel dazugeben. Alles auf einem Teller an Sauerkraut-Confit mit 7 Gewürzen anrichten.

FILET DE CHEVREUIL, BAIES DE GOJI AU CONFIT DE CHOUCROUTE

Pain d'Épices Mireille Oster, page 90

INGRÉDIENTS POUR 4 PERSONNES

800 g de filet de chevreuil, 60 g de beurre, 2 échalotes, 24 baies de Goji, 1 tête de brocoli, 1 barre de Délices en 8 morceaux, 4 c.c confit de choucroute aux 7 épices, 20 g de gingembre frais, 5 g de poivre sauvage Voatsiperifery, 2 c.c. sel de Maldon, 4 piments rouges d'Espelette frais

PRÉPARATION

Cuire le brocoli dans peu d'eau (5 cm de haut) avec couvercle.

Faire griller le poivre, le sel, le gingembre dans une poêle à sec, puis écrasser dans mortier.

Couper le filet aux ciseaux faire revenir le beurre avec les échalotes. Saisir le chevreuil, verser les épices et le piment. Laisser colorer.

Ajouter les baies de Goji ayant trempé dans l'eau pendant 20 min et 8 morceaux de barre de Délices.

Dresser sur assiette avec le confit de choucroute aux 7 épices.

DIE MITTLEREN VOGESEN
VOSGES MOYENNES

Passhöhen und Berge wie Donon (1009 m), Hochfeld (1099 m), Odilienberg (763 m) und das Felsmassiv von Mutzig (1010 m) dominieren und strukturieren die Landschaft der mittleren Vogesen.

Von der Zaberner Steige (Col de Saverne) im Norden bis zum Tal von Villé im Südosten, über den Pass von Steige, über das Hochtal der Bruche bis hin zur lothringischen Grenze erstreckt sich das Gebirgsmassiv der mittleren Vogesen. Einzigartige Felsformationen, zahlreiche Buntsandsteinzüge, thronende Burgen und seltene Felsgrotten schmücken diese anmutige Gebirgslandschaft und geben ihr ein besonderes Gepräge.

Die sanften und reizvollen Täler von Mossig, Hasel und Bruche bilden hier ein einzigartiges Naturparadies. Am Oberlauf der Mossig, im Wintersportort Wangenburg, wo sich der 961 m hohe Schneeberg mit dem Felsmassiv Rosskopf zusammentut, führt der Hauptkamm der Vogesen seine Ausläufer bis in das Tal der Bruche. Dieses Hochtal verdankt seinen Namen dem gleichnamigen Bach, der sich mit seinem klaren und sauberen Wasser durch Nadelholzwälder, Hochmoore, Hochweiden und sanfte Talmulden schlängelt.

In seinen Wassern fühlen sich die Fario-Forelle wie auch andere seltene Tier- und Pflanzenarten zu Hause. Geschützt wird dieses herrliche Hochtal im Osten von der durch Granit geprägten Hochebene des Berges Hochfeld und im Westen durch das prächtige Waldmassiv des von Buntsandstein durchsetzten Donon.

Les Vosges Moyennes sont dominées et structurées par des cols et des montagnes comme le Mont Sainte-Odile, le Donon, le Rocher de Mutzig et le Champ du Feu qui culminent respectivement à des altitudes de 798, 1009, 1010 et 1099 mètres. Le Massif Vosgien, dont les Vosges Moyennes font partie intégrante, s'étire du Col de Saverne au Nord jusqu'à la frontière avec la Lorraine en passant par la vallée de Villé au Sud-est, le col de Steige et la haute vallée de la Bruche.

Les ensembles de rochers uniques en leur genre, les couleurs variées des sols gréseux, les châteaux forts haut perchés et les grottes qu'on trouve dans ce paysage montagneux lui confèrent un caractère tout particulier. Les douces et ravissantes vallées de la Mossig, de la Hasel et de la Bruche sont de vrais paradis. Dans la partie supérieure de la Mossig, dans la station de ports d'hiver de Wangenburg, là où le Schneeberg s'unit au massif du Rosskopf, la crête principale des Vosges étend ses contreforts jusque dans la vallée de la Bruche.

Cette haute vallée, qui est protégée à l'Est par le Champ du Feu et à l'Ouest par le splendide massif du Donon, doit son nom au cours d'eau qui serpente à travers des forêts de pins, des marécages, des pâturages et des vallons. Ces eaux claires et pures offrent à la truite fario ainsi qu'à une grande variété d'espèces rares de la faune et de la flore un milieu intact, propice à leur épanouissement.

Grande Réserve
Eau de Vie
Fabrication Artisanale
30% vol
35% vol
Réserve particulière spécialement sélectionnée à Steige (Bas-Rhin) par J. Nusbaumer

EDLE OBSTBRÄNDE UND LIKÖRE
EAUX-DE-VIE ET LIQUEURS

Im Herzen des Villé-Tals, in Steige, lädt die Obstbrennerei Nusbaumer ihre Gäste zu einer Besichtigung der Obstbrennerei und einer Verkostung ihrer Obstbrände und Liköre in ihren stilvoll gestalteten Probierkeller mit Museum ein.

Das renommierte Familienunternehmen, im Jahre 1947 von Joseph Nusbaumer gegründet, hat die alten Traditionen der Brennerei mit modernster Technik erfolgreich kombiniert. Pro Jahr werden 60 000 Liter Alkohol produziert und zwischen 600 und 800 Tonnen Früchte verarbeitet.

Das Ereichen einer Spitzenqualität ist eng mit der Wertschätzung der Natur verbunden. Von der Qualität der Früchte hängen Aroma, Geschmack und die Feinheit des Branntweins ab.

Mit ihrem außergewöhnlichen Können und Wissen hat sich die Obstbrennerei einen großen Namen gemacht. Die Brände sind zu 100 % naturbelassen und zeichnen sich durch ihre Frucht aus, die Liköre haben einen Alkoholgehalt von 35 % und einen sehr niedrigen Zuckeranteil.

Neben den klassischen Obstbränden werden auch Spezialitäten, z. B. von wilden Himbeeren oder von der Stechpalme, „der seltenste Obstbrand der Welt", hergestellt.

Au cœur de la vallée de Villé, à l'entrée de Steige, la Distillerie Artisanale Jos. Nusbaumer vous invite à visiter la distillerie ainsi que son musée et à déguster ses eaux-de-vie et ses liqueurs dans sa belle cave de dégustation.

Fondée en 1947 par Joseph Nusbaumer, la prestigieuse entreprise familiale a su combiner parfaitement la tradition de la distillation avec les techniques les plus modernes.

La distillerie produit 60 000 litres d'alcool par an et transforme entre 600 et 800 tonnes de fruits. Tout est fait dans le plus grand respect de la nature et de l'environnement et les produits finis sont tous de qualité haut de gamme. Pour garantir aux produits un excellent parfum, les fruits utilisés sont toujours cueillis bien mûrs. Et c'est justement le savoir-faire de l'entreprise en matière de qualité gustative et aromatique qui lui a valu sa solide réputation.

Les eaux-de-vie sont à 100% naturelles et se distinguent par la variété de leurs fruits. Quant aux liqueurs, elles ont un degré d'alcool de 35% et une faible teneur en sucre.

A côté des produits classiques, il ne faut pas manquer de mentionner des spécialités très originales qui régalent délicieusement le palais comme par exemple l'eau-de-vie de framboise sauvage et la sublime eau-de-vie de baies de houx, unique en son genre.

DISTILLERIE NUSBAUMER
Marianne Willm
F-67220 Steige
Tél. 00 33 (0) 3 88 / 57 16 53
www.jos-nusbaumer.com

LUXUS UND ELEGANZ
LUXE ET ELÉGANCE

In Colroy-la-Roche, diesem idyllischen Dorf im Hochtal der Bruche, liegt in 530 m Höhe das Relais & Châteaux Hotel La Cheneaudière.

Wer aristokratischen Komfort mit avantgardistischem Touch und kultivierter Gastlichkeit sucht, ist an seinem Ziel angekommen.

Hier, wo die Vogesen sich öffnen und tief in ihre Wälder blicken lassen, lässt es sich stilvoll wohnen und genießen. Jedes Zimmer hat seinen eigenen architektonischen Charakter.

Der kulinarische Genuss mit dem königlichen Frühstück im Pastoureaux-Saal und das Dinner im Restaurant der Prinzen zu Salm lassen die Herzen der Gourmets höher schlagen.

Die Küchenchefs Roger Bouhassoun und Daniel Stein, beide geprägt von großen Küchenmeistern, verstehen es mit kreativem Kopf edle Speisen wie Hummer und Seesaibling aus alten, traditionellen Rezepten dem Gast zeitgemäß aufzutischen.

Begleitende Weinempfehlungen gibt Kellermeister Rodrigue Palvadeau. Er verwöhnt seine Gäste mit ausgesuchten Tropfen.

Dans le village idyllique de Colroy-la-Roche dans la Haute Vallée de la Bruche se trouve à une altitude de 530 mètres l'hôtel La Cheneaudière Relais & Châteaux.

Ceux qui recherchent un confort aristocratique légèrement avant-gardiste et une hospitalité raffinée ont atteint leur but. Là où les Vosges s'ouvrent pour dévoiler leurs forêts, ils vont pouvoir jouir pleinement d'un séjour passé dans l'élégance.

Chaque chambre a son propre caractère architectural. Le délicieux petit déjeuner royal pris dans la salle des Pastoureaux et le dîner servi dans le restaurant « Les Princes de Salm » font battre le cœur du gourmet.

Les chefs cuisiniers Roger Bouhassoun et Daniel Stein qui ont fait leurs armes avec les plus grands maîtres cuisiniers mettent toute leur créativité dans la préparation de mets délicats comme le homard et l'omble chevalier pour lesquels ils adaptent des recettes traditionnelles à l'esprit de notre temps.

Le choix des vins est facilité par les conseils éclairés du maître sommelier Rodrigue Palvadeau qui propose à ses clients un voyage à travers des crus originaux.

SEESAIBLING AUF DER HAUT GEBRATEN MIT BLUTWURST-PUDDING
OMBLE CHEVALIER RÔTI ET FLAN DE BOUDIN NOIR
Dieses Rezept finden Sie auf der Seite 110
Vous trouverez cette recette à la page 111

HOSTELLERIE
LA CHENEAUDIÈRE RELAIS & CHÂTEAUX
Nikolas Decker & Mireille Francois
3 rue du Vieux-Moulin, F-67420 Colroy La Roche
Tél. 00 33 (0) 3 88 / 97 61 64
www.cheneaudiere.com

REZEPTE

SEESAIBLING AUF DER HAUT GEBRATEN MIT BLUTWURSTPUDDING

Hostellerie La Cheneaudière Relais & Châteaux, Seite 108

ZUTATEN FÜR 4 PERSONEN

4 Filets vom Seesaibling mit Haut

BLUTWURSTPUDDING

100 g Blutwurst, 50 g Milch, 50 ml Sahne, 2 Eier, Salz, Pfeffer

GEMÜSE

50 g Karotten, 50 g Sellerie, 50 g Lauch, 400 g Kartoffeln, 100 ml Weißwein, 300 ml Gemüsebrühe, Salz, Pfeffer, Nelken, Lorbeer, etwas Öl zum Andünsten

APFELGELEE

750 ml Bio-Apfelsaft, 3 Blatt Gelatine

WEISSE BUTTER

50 ml Weißwein, 50 ml Sahne, 1 Schalotte, 200 g Butter, Salz, Pfeffer

ZUBEREITUNG

Für den Blutwurstpudding die Blutwurst enthäuten, mit den anderen Zutaten vermischen und abschmecken. Die Mischung 5 Millimeter hoch auf einem Backblech ausbreiten und 30 Minuten im Backofen bei 100 °C garen.

Das Gemüse schälen, waschen und in 5 Millimeter große Würfel oder Stücke schneiden.

Das Gemüse in einem Topf leicht anbräunen, Weißwein und Gemüsebrühe hinzugeben, mit Lorbeer, Gewürznelke, Salz und Pfeffer abschmecken.

Für das Gelee den Apfelsaft erhitzen, die Gelatineblätter (vorher nach Packungsanweisung in kaltes Wasser einweichen) dazugeben und zum Kochen bringen.

Die Flüssigkeit auf eine Platte gießen (3–4 Millimeter hoch), erkalten und im Kühlschrank hart werden lassen.

Mit Hilfe einer rechteckigen Ausstechform das Gelee schneiden. Mit der gleichen Form den Blutwurstpudding ausstechen. Den Blutwurstpudding mit der Form auf den Teller geben, das Gemüse obendrauf geben, leicht andrücken, die Ausstechform behutsam entfernen. Zum Schluss ein Geleeviereck obendrauf setzen

In einer heißen Pfanne mit Olivenöl die Saiblingsfilets auf der Hautseite braten, pfeffern (nicht salzen), zum Schluss etwas Butter hinzufügen.

Für die weiße Butter die klein geschnittene Schalotte mit dem Weißwein anschwitzen, Sahne dazugeben und die Sauce mit der Butter auf kleiner Flamme schaumig schlagen. Salzen und pfeffern.

RECETTES

OMBLE CHEVALIER RÔTI ET FLAN DE BOUDIN NOIR

Hostellerie La Cheneaudière Relais & Châteaux, page 108

INGRÉDIENTS POUR 4 PERSONNES

4 beaux filets d'omble avec la peau

FLAN DE BOUDIN

100 g de boudin noir, 50 g de lait, 50 cl de crème,
2 oeufs, sel, poivre

BRUNOISE

50 g de carottes, 50 g de céleri, 50 g de poireaux,
400 g de pommes de terre, 10 cl de vin blanc,
30 cl de fond blanc, sel, poivre, girofles, laurier

GELÉE DE JUS DE POMMES

75 cl de jus de pommes bio, 3 feuilles de gélatine

BEURRE BLANC

5 cl de vin blanc, 5 cl de crème, 1 échalote ciselée,
200 g de beurre, Sel, poivre

PRÉPARATION

Pour le flan de boudin, mélangez tous les ingrédients en ayant enlevé préalablement la peau des boudins. Rectifiez l'assaisonnement. Etalez ce mélange sur une plaque, sur une hauteur de 5 millimètres. Mettez la plaque dans un four à 100 °C pendant une 1/2 heure.

Pour la brunoise, lavez, épluchez et coupez les légumes en brunoise (petits cubes ou carrés de 5 mm). Faites légèrement revenir les légumes dans une cocote. Rajoutez ensuite le vin blanc et le fond blanc, laurier, clou de girofle, sel et poivre et terminez la cuisson sur feu doux.

Confectionnez la gelée : chauffez le jus de pommes et intégrez les feuilles de gélatine préalablement trempées dans l'eau froide (selon la notice d'utilisation du paquet), puis faites bouillir. Versez le liquide sur un plateau sur une hauteur de 3–4 mm, laissez refroidir puis faire durcir au réfrigérateur.

Montage final de la garniture : à l'aide d'un cercle ou d'un emporte-pièce rectangulaire, taillez d'abord la gelée qui constituera le sommet. Avec cette même forme, taillez le flan de boudin noir qui fera office de fond. Posez le fond avec l'emporte-pièce dans l'assiette. Dans ce moule, remplissez avec les légumes façons baeckeoffe et pressez délicatement, puis soulever doucement l'emporte-pièce. Terminez en posant la gelée sur le sommet du « millefeuille ».

Cuisson du poisson : saisir dans un poêle chaude avec de l'huile d'olive les 4 filets d'omble sur leur peau. Poivrez, mais ne mettez pas de sel. Terminez la cuisson avec un peu de beurre.

Pour la préparation du beurre blanc, faire suer l'échalote avec le vin blanc, rajouter la crème et monter la sauce avec le beurre à feu doux. Saler et poivrer.

WEINREBEN IM FRÜHJAHR
VIGNES EN PRINTEMPS

ELSÄSSISCHE WEINSTRASSE

Tradition und Geschichte

Das Elsass zählt mit seinen Weinbergen zu den ältesten Weinregionen Frankreichs. Der Weinbau hier ist höchstwahrscheinlich den Römern zu verdanken, denn bereits zur Zeit Cäsars soll die antike Besatzungsmacht die ersten Rebstöcke mit ins Land gebracht haben.

Der römische Gelehrte Plinius lobt in seiner Naturalis Historia den guten Wein der Sequaner, eines keltischen Stammes im Oberelsass.

Die ersten urkundlichen Nachweise für den Weinanbau stammen aus dem 7. Jahrhundert. Rouffach, das zum ältesten Besitz des Bistums Straßburg gehörte, wurde 662 erwähnt, der Weinort Rappoltsweiler, das heutige Ribeauvillé, im Jahr 759.

Colmar, Sélestat (Schlettstadt) und Straßburg waren die Haupt-Handelsplätze für den Wein. Allein in Colmar wurden vom 16. Jahrhundert an im Jahr durchschnittlich 95 000 Hektoliter Wein verkauft und auf der Ill verschifft. Von hier ging er nach England, Skandinavien, Polen, Norddeutschland, Bayern, Württemberg und in die Rheinlande.

Der Dreißigjährige Krieg setzte diesem Handel mit der Zerstörung der Weinberge ein drastisches Ende. Später, mit der französischen Revolution, verschwanden auch die Winzerzünfte, die durch moderne Einrichtungen ersetzt wurden. Erst im 19. Jahrhundert, mit der Ausdehnung des Liberalismus, versuchte man den Winzern wieder gerecht zu werden.

Damals setzte sich der Gebrauch durch, den Weinen den Namen der Rebsorte zu geben.

Nach Kriegsende, 1945, veranlasste General De Gaulle das Einführen einer ersten Ursprungsbezeichnung, AOC. Die elsässischen AOC Weine müssen im Anbaugebiet selbst abgefüllt werden.

Im Mai des Jahres 2013 feierte die elsässische Weinstraße ihren sechzigsten Geburtstag. Durch Vogesen und Schwarzwald geschützt, von der Sonne verwöhnt, vom Regen meist verschont, wachsen und reifen die Trauben in den Rebgärten. Die etwa 170 km lange Straße der elsässischen Weine beginnt im südelsässischen Thann und endet nördlich von Weißenburg an den Weinbergen von Cleebourg.

Immer entlang dem Fuße der Vogesen, nimmt sie ihren Weg über die Weinbergshänge, führt durch malerische Dörfer mit blumengeschmückten Fachwerkhäusern, vorbei an Brunnen, Stadttürmen mit Storchennestern, majestätischen Kirchen und bietet einen freien Blick auf Burgen und Weinberge.

Inmitten von Grand-Cru-Lagen erklären 47 Weinlehrpfade auf Informationstafeln die Arbeit des Winzers und stellen die Rebsorten mit ihren typischen Eigenschaften vor.

Jedes Jahr aufs Neue, zwischen April und November, veranstaltet ein Dorf nach dem anderen mit traditionellen Festumzügen sein Weinfest. Sie lassen altes Brauchtum wieder aufleben. Die Weinkeller öffnen ihre Türen und Weinproben sind überall möglich.

Im Herzen des Weinanbaugebietes, in der Nähe von Colmar, liegt das Schloss von Kientzheim. Es ist Sitz der Weinbruderschaft Saint Etienne, einer der ältesten Weinbruderschaften Frankreichs. Diese oberste Instanz der Weinkultur in Frankreich hat hier ein Weinmuseum eingerichtet. Es gibt dokumentiert die Bedeutung des Weinbaus und der Weinzubereitung in Frankreich.

LA ROUTE DU VIN D'ALSACE

Histoire et tradition

Riche en vignobles, l'Alsace compte parmi les plus anciennes régions viticoles de France. La culture de la vigne a été très probablement introduite dans la région par les Romains. Il est dit en effet que les troupes d'occupation de Jules César auraient apporté les premiers ceps de vigne en Alsace. L'écrivain et naturaliste romain Pline l'Ancien fait l'éloge dans son Naturalis Historia du bon vin des Séquanes, tribu gauloise de l'Est de la Gaule. La culture de la vigne est documentée à partir du 7e siècle. Rouffach, qui appartenait à l'évêché de Strasbourg, est mentionné en 662, Rappoltsweiler, l'actuel Ribeauvillé, en 759.

Colmar, Sélestat et Strasbourg étaient les places principales du commerce du vin. Seulement à Colmar, à partir du XVIe siècle, 95 000 hectolitres de vin étaient vendus chaque année et transportés par bateau sur l'Ill. Le vin alsacien était exporté en Angleterre, en Scandinavie, en Pologne, vers le Nord de l'Allemagne, en Bavière, au Wurtemberg, et dans les pays rhénans.

En détruisant le vignoble, la guerre de Trente Ans a mis fin à cette tradition. Plus tard, à la Révolution, les corporations de viticulteurs ont été dissoutes et remplacées par des organismes plus modernes. Ce n'est qu'au XIXe siècle que, avec l'extension du libéralisme, les droits des viticulteurs ont été mieux considérés. C'est à cette époque qu'on a commencé a donné aux vins le nom de leurs cépages.

En 1945, à la fin de la Seconde Guerre Mondiale, le général De Gaulle a introduit un label de contrôle sur l'origine des vins, il s'agit de l'AOC, appellation d'origine contrôlée.

Au mois de mai 2013, la Route du Vin d'Alsace a célébré son 60e anniversaire. Protégés par les Vosges et la Forêt Noire, choyés par le soleil, épargnés par la pluie, le raisin mûrit bien dans les vignobles de la route des vins qui a été créée en 1953. D'une longueur d'environ 170 kilomètres, la Route du Vin d'Alsace commence au Sud à Thann et se termine au Nord de Wissembourg dans le vignoble de Cleebourg. Elle longe le versant est des Vosges, serpente à travers les collines, traverse des villages fleuris, passe devant des fontaines, des tours surmontées de nids de cigognes, des églises majestueuses et offre une vue imprenable sur les châteaux forts et les vignobles.

Au milieu des Grands Crus, sur 47 chemins, des panneaux indicateurs expliquent le travail des viticulteurs et présentent les cépages avec leurs propriétés respectives.

Chaque année, entre avril et novembre, un village après l'autre organise de façon individuelle sa fête du vin avec toutes sortes de festivités. A cette occasion, on fait revivre tous les usages et toutes les traditions du coin. Les caves ouvrent leurs portes à tous et font déguster leurs vins.

Le château de Kientzheim est situé au cœur du vignoble, non loin de Colmar. C'est le siège de la Confrérie Saint-Etienne d'Alsace, l'une des plus anciennes confréries de viticulteurs de France. C'est là que cette instance supérieure de la culture de la vigne a installé un musée qui témoigne de l'importance de la viticulture et de la viniculture en France.

FRÉDÉRIC MOCHEL
ALSACE
ROSÉ

LEIDENSCHAFT UND TRADITIONSBEWUSSTSEIN
PASSION ET SENS DE LA TRADITION

Mitten im Weinort Traenheim macht die Domaine Frédéric Mochel mit dem schmucken Winzerhaus aus dem Jahre 1669 auf sich aufmerksam. Sie zählt zu den besten Weingütern im nördlichen Elsass.

Guillaume Mochel hat 2001 das elterliche Weingut in zwölfter Generation übernommen. Dieser Wechsel ist bedeutungsvoll, denn seit elf Generationen ist es das erste Mal, dass auf einen Frédéric ein Guillaume folgt.

Nach Aufenthalten in der Toscana, in Neuseeland und im Bordelaise, widmet sich der weltoffene und heimatverbundene Winzer mit Traditionsbewusstsein und Leidenschaft seinen Weinen.

Vor Wind und Hagel geschützt sind seine Weinberge durch den Scharrachberg und die Vogesen; zu seinen Paradelagen zählen die Grand-Cru-Lagen Altenberg de Bergbieten mit besten, bukettreichen und fruchtig ausgewogenen Rieslingen.

Neben dem Riesling sollte man auch unbedingt den Muskat probieren, dem es an Säure und Frucht nicht minder fehlt. Denn er zählt zu den besten Weinen dieser Rebsorte in Frankreich.

Installé dans le village viticole de Traenheim, le Domaine Frédéric Mochel, situé dans la demeure vigneronne historique et charmante datant de 1669, attire l'attention. Il fait partie des meilleurs domaines viticoles du nord de l'Alsace.

Guillaume Mochel, de la douzième génération, a repris en 2001 ce Domaine viticole familial. Cette reprise signifie beaucoup car depuis onze générations, c'est la première fois qu'un Guillaume succède à un Frédéric.

Après avoir parcouru la Toscane, la Nouvelle-Zélande et la région bordelaise, le vigneron cosmopolite et très attaché à sa région suit les origines des ses vins avec passion et le sens des traditions.

Ses vignes sont protégées du vent et de la grêle par les Vosges et le Scharrachberg. Elles bénéficient du microclimat ambiant.

Le vignoble du Grand Cru Altenberg de Bergbieten, produit des Riesling au caractère profond et fruité. Il est reconnu parmi les meilleurs Terroirs alsaciens. Ses sols marno-calcaro-gypsifères donnent au Riesling du caractère et de la tonicité.

Outre le Riesling, le Muscat, au profil tout aussi fruité que subtil, vaut également le détour. En effet, Le Muscat Mochel est un des meilleurs représentants de ce cépage en France.

DOMAINE FRÉDÉRIC MOCHEL
Guillaume Mochel
56 rue Principal, F-67310 Traenheim
Tél. 00 33 (0) 3 88 / 50 38 67
www.mochel.net

SONNENVERWÖHNTE OBSTGÄRTEN
LES VERGERS ENSOLEILLÉS

Traenheim hat sich mit seinen Obstgärten, im Herzen der „Couronne d'Or", der sonnenverwöhnten Hügellandschaft, einen besonderen Namen gemacht.

Familie Rothgerber, 1542 erstmals urkundlich erwähnt, steht hierbei als Pionier und Protagonist für vielfältigen Obstanbau und reichhaltige Obstsaftproduktion.

Der Obsthof Rothgerber baut verschiedene Obstarten an, wie Äpfel, Birnen, Pfirsiche und Aprikosen.

Getreu der Familientradition wird der Boden sorgsam gepflegt. Aus Überzeugung wird in den Obstanlagen im Einklang mit der Natur gearbeitet und geerntet. Ein Teil der Ernte wird in dem großzügig und ansprechend gestalteten Hofladen angeboten. Aus dem übrigen Teil werden nach traditioneller Art köstliche „Grand-Cru"-Fruchtsäfte hergestellt, wie der Apfelsaft Braeburn, Apfel mit Himbeere, Apfel mit Mirabelle und Apfel mit Sauerkirsch. Sie enthalten 100 % reinen Fruchtsaft und sind für ihr außergewöhnliches Bukett bekannt.

Der Hofladen bietet darüber hinaus eine Vielzahl exzellenter Erzeugnisse aus benachbarten Bauernhöfen an.

Avec ses vergers implantés au cœur du vignoble ensoleillé de la Couronne d'Or, le village de Traenheim a acquis une notoriété toute particulière.

La famille Rothgerber, dont le nom est mentionné pour la première fois dans un document datant de 1542, joue un rôle de pionnier et d'acteur reconnu dans l'arboriculture fruitière et la production de jus de fruits. La Ferme fruitière Rothgerber produit une grande variété de fruits tels que pommes, poires, pêches et abricots. Dans l'esprit et le respect de la tradition familiale, le sol est soigné et bien préservé. Dans les vergers, le travail et la cueillette se font toujours en harmonie avec la nature.

Une partie de la récolte est mise en vente dans l'accueillante boutique de la ferme. Le reste est transformé de façon traditionnelle en jus de fruits délicieux comme les « grands crus » Pur jus de pomme Braeburn, Jus de pomme et framboise, Jus de pomme et mirabelle ou Jus de pomme et cerise. Ces jus, 100% naturels, sont réputés pour leur finesse aromatique exceptionnelle.

La boutique offre en outre une grande variété d'excellents produits du terroir provenant des fermes avoisinantes d'agriculteurs partenaires.

FERME FRUITIÈRE ROTHGERBER
1a route du Scharrach, F-67310 Traenheim
Tél. 00 33 (0) 3 88 / 50 38 07
www.pomme.net

Thé-Noël

DESIGN UND KREATIVE PÂTISSERIE
DESIGN ET PÂTISSERIE CRÉATIVE

Am Fuße der Vogesen und umgeben von Weinbergen liegt das durch sein Thermalbad bekannte Soultz-les-Bains. Jean-Luc Klugesherz führt hier in der achten Generation mit seiner Frau Véronique die Familientradition der Bäcker und Pâtissiers fort.

In neuen Räumen hat er sich einen Traum erfüllt und eine Pâtisserie der Extra-Klasse geschaffen. Das dominante und zugleich schlichte Designer-Anwesen, das die Handschrift des Architekten Patrick Klugesherz trägt, hat im beschaulichen Soultz-Les-Bains neue Akzente gesetzt. Mit stilsicherem Gespür für ästhetisches Ambiente wurde das Interieur geschaffen, in dem der Meister durch die Welt feinster Genüsse führt.

Begegnungen mit großen Pâtissiers wie Lenôtre und Pierre Hermé sowie Auslandsaufenthalte wie in Indien, wo er eine Pâtisserie eröffnete, haben ihn als Kosmopoliten geprägt und prägnante Erfahrungen und Eindrücke sammeln lassen.

Die elsässische Tradition achtend, kombiniert und fügt er seine neuen Ideen in regionale und überlieferte Rezepte ein. Seine Köstlichkeiten bleiben trotz höchster Kreativität authentisch.

Niché au pied des Vosges, au cœur des vignobles, Soultz-les-Bains connu surtout pour ses thermes l'est aussi pour sa pâtisserie, celle de la famille Klugesherz depuis huit générations. Dans son entreprise, Jean-Luc Klugesherz perpétue avec son épouse Véronique la tradition plus que bicentenaire de la boulangerie et de la pâtisserie.

Dans un nouveau cadre, il a réalisé son rêve en concevant une pâtisserie de grande classe. L'élégant établissement aux lignes design très pures signé de l'architecte Patrick Klugesherz apporte une touche de modernité au paisible village de Soultz-les-Bains.

L'aménagement intérieur met en évidence un sens parfait de l'esthétique. Dans ce cadre innovant, le Maître Pâtissier Jean-Luc nous conduit à travers un monde de voluptés pâtissières.

Ses rencontres avec des Maîtres comme Lenôtre et Pierre Hermé l'ont marqué. Ses séjours à l'étranger, principalement en Inde où il a ouvert une boutique, lui ont valu une réputation de pâtissier cosmopolite. Enrichi de multiples expériences et impressions, il crée une pâtisserie personnalisée dans le respect toutefois de la tradition alsacienne. Même s'il revisite de façon originale des recettes classiques, ses délicieuses pâtisseries restent toujours authentiques.

KLUGESHERZ
PÂTISSIER-CHOCOLATIER-GLACIER
43 rue de Molsheim, F-67120 Soultz les Bains
Tél. 00 33 (0) 3 88 / 38 19 97
www.patisserie-klugesherz.fr

ALSACE
La Ferme Schmitt
Jean-Paul SCHMITT
FOIE GRAS DE CANARD
MOSAÏQUE
au Foie de Canard
Ingrédients : foie gras de canard, viande de canard et de dinde, vin, pistache, sel, épices
14/10/2012
FOIE GRAS DE CANARD
au Gewurztraminer Vendanges
Ingrédients : foie gras de canard, sel, épices, sucre, Gewurztraminer VT, conservateur : salpêtre
Lot : 2263013

DAS FEDERVIEH DER FERME SCHMITT
LES VOLAILLES DE LA FERME SCHMITT

Bischoffsheim, am Fuße des Bischenbergs gelegen, ist bekannt für das gleichnamige Kloster sowie den hier vorbeiführenden Jakobsweg.

Kulinarisch gibt die Ferme Schmitt mit ihrem Geflügel-Bauernhof seit über 30 Jahren Anreiz und Anlass, Bischoffsheim zu besuchen. Angesichts der örtlichen Beschaulichkeit würde man nie vermuten, daß hier soviel Geflügel den Ton angibt. Doch die Familien-Passion gilt eben dem „lieben Federvieh." Gänse, Enten und seit kurzem auch auch schwarzes Geflügel, Hühner der elsässischen Rasse „Poule Noire", werden mit viel Geduld art- und naturgerecht in großem Auslauf gehalten.

Rund 40 Hektar Land bewirtschaftet die Familie. Von der Bodenbestellung bis hin zum Endprodukt liegen Verantwortung und Verarbeitung in ihren Händen.

Stopfleber ist die große Spezialität des Hauses. Weit über die Landesgrenze hinaus ist sie bekannt und nachgefragt. Im Hofladen und auf den umliegenden Wochenmärkten wird sie zusammen mit weiteren Spezialitäten des Hauses angeboten.

Bischoffsheim, située au pied du Bischenberg, doit sa renommée au monastère du même nom, ainsi qu'au chemin de Compostelle passant à proximité. Nous y trouvons la Ferme Schmitt qui, avec son élevage de volaille, incite depuis plus de 30 ans à visiter l'agréable commune de Bischoffsheim. La tranquillité de l'endroit ne laisse à aucun moment soupçonner qu'ici, ce sont les volailles qui donnent le ton. La passion de la famille porte pourtant sur ces « chères volailles ». Les oies, les canards, les poules noires d'Alsace, sont élevés en plein air avec beaucoup de patience, dans le respect de la nature et des besoins des animaux.

La famille exploite à présent environ 40 hectares de terrain. Elle exécute personnellement tous les travaux de la ferme, depuis la culture du sol jusqu'à l'obtention du produit final. Le foie gras est la plus grande spécialité de la maison. C'est un produit très apprécié et sa réputation a dépassé les frontières du pays depuis longtemps. Il est proposé, avec d'autres spécialités, dans la boutique de la ferme ainsi que sur les marchés hebdomadaires locaux.

LA FERME SCHMITT
Gilbert Schmitt
19 rue du Ried, F-67870 Bischoffsheim
Tél. 00 33 (0) 3 88 / 50 26 67
www.foiegrasdalsace.com

Alsace Habsiger
Winstub
Vente au Détail
Vins Fins d'Alsace
HABSIGER P
VITICULTEUR

KLEVENER VON HEILIGENSTEIN
LE KLEVENER DE HEILIGENSTEIN

Im beschaulichen Gertwiller steht das pittoreske Anwesen des Weinguts Alain Habsiger. Paul und Simone Habsiger haben im Jahr 1965 mit dem Umbau dreier ehemaliger landwirtschaftlicher Anwesen diese Domaine gegründet. Alain Habsiger, der seit 1992 im elterlichen Betrieb arbeitet, führt das Weingut heute gemeinsam mit seiner Frau.

Hier trifft Tradition auf Moderne. Alain Habsiger beweist sein feines Gespür als Weinbauer. Er produziert den „Elsässer Rebenadel" wie Riesling, Pinot Gris, Gewürztraminer, Muscat und den hervorragenden Crémant d'Alsace.

Der Stolz des jungen Winzers ist sein „Klevener von Heiligenstein" (Savagnin Rose), ein leicht würziger, trockener Wein, der zu den rarsten Weinen des Elsass zählt. Er gedeiht in der Gegend um Heiligenstein auf einem lehm-kieselhaltigen Boden.

Gemäß seiner Philosophie müssen die Weine so trocken sein wie möglich, ehrlich und rassig. Dafür gibt er ihnen in über achtzig Jahre alten Eichenfässern angemessene Zeit zum Reifen. Für Weinproben steht die Weinstube des Hauses zur Verfügung.

Le domaine Alsace Habsiger s'étend fièrement dans la paisible commune de Gertwiller. Paul et Simone Habsiger ont repris en 1965 une exploitation de polyculture mais peu à peu, ils se sont consacrés uniquement à la viticulture et c'est d'un florissant domaine que leur fils Alain a pris la succession en 1992. Viticulteur dans l'âme, ce dernier dirige avec sa femme son entreprise en alliant tradition et modernité.

Il produit les 7 cépages à «Appellation d'Origine Controlée», ainsi que le Crémant d'Alsace qui couronne l'alliance des meilleurs cépages alsaciens. De plus, il produit l'unique exception d'Alsace « Le Klevener de Heiligenstein » (Savagnin Rose). Celui-ci fait, à raison, la fierté du jeune viticulteur car il s'agit d'un cépage exceptionnel et unique en Alsace; il reste aujourd'hui très méconnu. Légèrement corsé, c'est la spécialité de la région de Heiligenstein où il mûrit sur un sol argilo-silicieux. Toutes les qualités de son Klevener particulièrement sec en font un vin de gastronomie très demandé, il met un point spécialement sur la vendange manuelle.

L'Objectif d'Alain est de vinifier ses vins assez secs, ayant un beau fumet, un beau bouquet et du caractère. Il leur donne le temps de mûrir dans des fûts de chêne de plus de 80 ans d'âge.

L'accueillant caveau de dégustation est ouvert aux amateurs de vins prestigieux et à ceux qui veulent le devenir!

DOMAINE ALSACE HABSIGER
Alain Habsiger
14–15 rue Principale, F-67140 Gertwiller
Tél. 00 33 (0) 3 88 / 08 07 54
Tél. 00 33 (0) 3 88 / 08 22 46
www.alsace-habsiger.fr

POTAGES MAGGI
Haricots Blancs
POUR 2 BONNES ASSIETTES
Dr.Oetker
Puddingpulver
Karamel
Geschmack
POTAGES MAGGI
Pâtes Etoiles
POUR 2 BONNES ASSIETTES
Dr. Oetker
Puddingpulver
Schokoladen-Streusel
Societe

BEWAHRER ELSÄSSISCHEN BRAUCHTUMS
GARDIEN DES COUTUMES ALSACIENNES

Michel Habsiger ist ein Bewahrer des traditionellen und überlieferten Handwerks. In dem kleinen Weinort Gertwiller hat er sich vor 40 Jahren den Lebkuchen verschrieben. Jährlich produziert sein Unternehmen über 70 Tonnen Lebkuchen, Honig- und Pfefferkuchen, immer wieder kreativ mit neuen Ideen und in großer Vielfalt. Seit 1806 ist die Firma Lips das einzige Unternehmen, das noch nach alter Väter Sitte Lebkuchen in Handarbeit herstellt.

Michel Habsiger, ein leidenschaftlicher Sammler elsässischer Geschichte, hat über der Backstube ein Museum eingerichtet. Seit seiner Jugendzeit bewahrt er seine Schätze in dem historischen Haus aus dem Jahr 1756.

Dieses über das Elsass hinaus bekannte Museum zeigt die Geschichte des Lebkuchens an Hand von Rezepten aus dem 18. und 19. Jahrhundert, historischen Werkzeugen, sowie Guss- und Ausstechformen.

Darüber hinaus gibt es eine besondere Ausstellung alter Nikolausdarstellungen, christlicher Motive und elsässischer Traditionen. Eine echte kulturelle Bereicherung.

Michel Habsiger est le gardien de l'artisanat traditionnel et transmis de génération en génération. Dans le petit village viticole de Gertwiller, il s'est consacré au pain d'épices il y a 40 ans. Son entreprise produit chaque année plus de 70 tonnes de pain d'épices d'une manière toujours plus créative, grâce à de nouvelles idées et à une grande diversité. Depuis 1806, l'entreprise Lips est la seule entreprise qui produit encore du pain d'épices à la main, selon les coutumes des anciens pères.

Mais ce n'est pas suffisant. Michel Habsiger, le collectionneur passionné de l'histoire alsacienne, a érigé son musée au-dessus de son atelier de boulangerie. Depuis sa jeunesse, il garde ses trésors dans cette maison historique construite en 1756.

Dans ce musée, connu bien au-delà de la frontière alsacienne, le visiteur découvre l'histoire du pain d'épices avec des recettes du 18è et du 19è siècle, les outils historiques et les moules à découper.

En outre, ce musée comporte également une exposition de représentations anciennes de Saint-Nicolas, de motifs chrétiens et de traditions alsaciennes. Un enrichissement culturel.

PAIN D'ÉPICES LIPS
Michel Habsiger
110 rue Principale, F-67140 Gertwiller
Tél. 00 33 (0) 3 88 / 08 93 52
www.paindepices-lips.com

RUHLMANN
15 PLACE DU MARCHÉ
VINS - CADEAUX
VINS
CADEAUX

LEIDENSCHAFT FÜR DEN WEINSTOCK
LA PASSION DU CEP DE VIGNE

Das mittelalterliche Städtchen Dambach-la-Ville, umgeben von 470 Hektar Weinbergen, ist berühmt für seine einzigartigen Fachwerkhäuser und für seine Grand-Cru-Lage Frankstein. Die Familie Ruhlmann-Schutz führt hier auf sehr individuelle Art das weltweit bekannte Weingut, dessen Geschichte bis ins 17. Jahrhundert reicht. Der heimatverbundene Kellermeister und Vizepräsident des „Historischen Weinkellers von Straßburg", André Ruhlmann, pflegt die Familien-Weinberge mit Herzblut. Jedem seiner Weinberge hat er ein Denkmal aus Stein gesetzt. Wortlos erzählen diese von ihrer Bodenbeschaffenheit, die dem Wein seinen unverwechselbaren Charakter gibt.

Der Stolz des Weinguts sind die Grands Crus wie Riesling, Pinot Gris und Gewürztraminer der exponierten Lage Frankstein mit Granit-Boden sowie der Grand-Cru-Riesling Muenchberg, der am Fuße des vulkan- und sandsteinhaltigen Ungersberg reift. Besonders zu erwähnen sind die Crémants, teilweise im Barrique-Fass gereift, die Weine „de Création" wie der Etoile de Rose, ebenso die Spätlesen der Großen Gewächse bis hin zum Gewürztraminer, der an 100 Jahre alten Rebstöcken reift. Eine Führung durch den prächtigen Weinkeller und die Degustation in der Probierstube runden den Besuch im Weingut ab.

Située au cœur des 470 hectares du plus grand vignoble d'Alsace, la pittoresque cité médiévale de Dambach-la-Ville est fameuse pour son Grand Cru Frankstein. La famille Ruhlmann-Schutz gère de façon très personnelle ce vignoble mondialement connu dont l'histoire remonte au XVIIe siècle. André Ruhlmann est très attaché à sa terre natale et il met tout en œuvre pour préserver l'environnement. Il soigne ses vignes avec passion. Il a élevé dans chacune de ses vignes un bloc de roche dont les propriétés correspondent à celles du sol sur lequel il se trouve. D'un simple coup d'œil, le promeneur peut ainsi reconnaître la nature des terroirs et imaginer la typicité des vins qui en sont issus. André Ruhlmann, vice-président de la « Cave historique des hospices de Strasbourg », est fier de ses Grands Crus Riesling, Pinot Gris et Gewurztraminer du terroir granitique exceptionnel du Frankstein. Un autre de ses Grands Crus, le Riesling Muenchberg, qui mûrit sur un terroir composé de sédiments volcaniques et de grès est tout aussi prestigieux comme le sont aussi les Crémants et les vins de création tels que l'Etoile de Rose. Tous ces vins ainsi que les vins issus de vendanges tardives comme le Riesling, le Pinot Gris et les sélections de grains nobles vous attendent dans la cave de dégustation et dans la boutique «vins et cadeaux» au centre du village.

RUHLMANN
CRÉATEURS DE VINS
Famille Ruhlmann-Schutz
34 rue du Maréchal Foch, F-67650 Dambach-La-Ville
Tél. 00 33 (0) 3 88 / 92 41 86
www.ruhlmann-schutz.fr

2009
RIESLING
WEINGARTEN
VIN D'ALSACE
VIN D'ALSACE
2011
HAHNENBERG
VIN D'ALSACE
2010
PINOT GRIS
HAHNENBERG
Bernhard Reibel

DER BODEN GIBT DEM WEIN DEN CHARAKTER
LE SOL DONNE SON CARACTÈRE AU VIN

Einst kam es einer Revolution gleich, wenn Frauen ein Weingut ins Leben riefen und führten. Aus der Überzeugung heraus, dass die Sensibilität für Aromen mehr eine weibliche Eigenschaft sei, gründete Cécile Bernard-Reibel in den 1980er-Jahren ihr Weingut. Im Jahr 2009 wurde sie als erste Frau von der Weinbruderschaft Saint-Etienne zur Groß-Meisterin gewählt.

Nun beweist in zweiter Generation ihr Sohn Pierre sein feines Gespür als Winzer in diesem renommierten Weingut, das auch die Sternegastronomie erobert hat.

Konsequent verfolgt er sein angestrebtes Ziel, „den Böden alle biologischen Nährstoffe an Mikroelementen und organische Elementen zuzuführen, um die Qualität der Traube zu verbessern." Der Wein muss für ihn fein, elegant und begleitend sein.

Seine Rebflächen finden sich in besten Lagen, wie dem Hahnenberg, mit rotem und weißem Granit und einem optimalen Mikroklima, dem Weingarten in windgeschützter Lage mit rotem Granit und roten Sandstein oder dem Meisenberg in Châtenois und dem Rittersberg in Scherwiller.

Der Weg nach Châtenois ist immer eine Reise wert.

A cette époque-là, au début des années 80, il était révolutionnaire qu'une femme fonde un vignoble et le dirige. C'est ce que Cécile Bernhard-Reibel a fait. Persuadée que la sensibilité aux arômes est un trait plutôt féminin, elle a créé son propre vignoble devenu le domaine prestigieux que nous connaissons aujourd'hui et dans lequel la gastronomie étoilée s'approvisionne en vins magnifiques.

Une trentaine d'années plus tard, en 2009, elle a été la première femme à être nommée Grand Maître de la Confrérie Saint-Étienne. Une nouvelle révolution.

Son fils Pierre a maintenant pris la relève. Très attaché à ses vignes et à ses vins, il poursuit sans dévier l'objectif qu'il s'est fixé d'apporter aux sols tous les amendements minéraux et organiques biologiques permettant d'améliorer la qualité du raisin. Pour lui, « le vin doit être fin, élégant et en accord avec les mets ».

Ses raisins poussent dans les meilleurs terroirs: dans le microclimat du Hahnenberg au granit rouge et blanc, à l'abri du vent dans le Weingarten au granit rouge et au sable rouge, ainsi que dans le Meisenberg à Châtenois et dans le Rittersberg à Scherwiller.

Allez à Châtenois, vous ne le regretterez pas.

DOMAINE BERNHARD & REIBEL
Pierre Bernhard
20 rue de Lorraine, F-67730 Châtenois
Tél. 00 33 (0) 3 88 / 82 04 21
www.domaine-bernhard-reibel.fr

des
Vins
2012

GROSSE GESCHICHTE
GRANDE HISTOIRE

In Rorschwihr, am Fuße der Haut-Koenigsburg, liegt das Weingut Fernand Engel mit einem Besitz von 53 Hektar Weinbergen. Der Boden, die Lage und das Mikroklima bringen eine Vielfalt an kräftigen und großartigen Weinen hervor, die einst schon von Pippin dem Kurzen verkostet wurden. Hervorzuheben sind die drei Grand Crus Altenberg von Bergheim, Gloeckelberg und Praelatenberg.

Das von Fernand Engel gegründete Weingut zählt drei Generationen. Amélie, Fernands Enkelin, wurde 2012 zur elsässischen Weinkönigin gewählt. Ihr obliegt die Vermarktung der hauseigenen Weine. Fernands Sohn Bernard kümmert sich seit 2001 um die Weinberge, die er biologisch ohne chemische Mittel und Herbizide bearbeitet. Die Trauben werden zum Zeitpunkt der optimalen Reife geerntet und von Hand ausgelesen, sie bewahren so den Charakter des Bodens. Seit dem Jahr 2012 sind die Weine mit der Bezeichnung „Vins biologiques" ausgezeichnet.

Xavier, Schwiegersohn und Önologe, kümmert sich um alles, was den Wein betrifft, Sandrine und Danielle sind für den internationalen Verkauf verantwortlich. Ein Drittel der Produktion wird exportiert, der Rest in Frankreich verkauft.

Le domaine Fernand Engel se situe à Rorschwihr, au pied du Haut-Koenigsbourg. Avec ses 53 ha, le vignoble est une véritable mosaïque de terroirs. La nature des sols, l'exposition et le microclimat privilégient la diversité de vins puissants et généreux auxquels Pépin le Bref aurait goûté. Trois Grands Crus (Altenberg de Bergheim, Gloeckelberg, Praelatenberg) sont à mentionner tout particulièrement.

L'entreprise familiale compte 3 générations. Le fondateur en est Fernand. Son arrière-petite-fille Amélie qui a été élue Reine des Vins d'Alsace 2012 fait la promotion de la région et de ses vins.

Bernard, fils de Fernand, soigne la vigne et conduit depuis 2001 le vignoble selon le mode de l'Agriculture Biologique, sans engrais chimique, sans herbicide. Les grappes sont récoltées à maturité optimum et par tris pour garantir la qualité et l'expression du terroir. A partir du millésime 2012 les vins du domaine sont certifiés « Vins biologiques ».

Xavier le gendre et l'œnologue préserve la vie propre des vins élevés sur leurs lies pour gagner en rondeur et en potentiel de vieillissement.

Sandrine et Danielle sont responsables de l'accueil au domaine qui jouit d'une reconnaissance internationale. 1/3 de la production est exporté, le reste est vendu en France.

DOMAINE FERNAND ENGEL
Fernand Engel
Viticulteur-récoltant
1 route du Vin, F-68590 Rorschwihr
Tél. 00 33 (0) 3 89 / 73 77 27
www.fernand-engel.fr

EIN KLEINOD IN BERGHEIM
UN JOYAU À BERGHEIM

Im Herzen der mittelalterlichen Stadt Bergheim haben Jacky und Aude Danner vor zwei Jahren ein Winzergehöft aus dem 15. Jahrhundert zu einem behaglichen Restaurant umgestaltet.

Der warmherzige Empfang durch die Hausherrin Aude, das traditionelle Ambiente aus der Vergangenheit des ehemaligen Weinguts, antike Leuchten und Schränke, sorgsam ausgewählte Bilder und liebevoll arrangierte Accessoires – all das schafft eine Atmosphäre, in der man sich einfach wohlfühlt.

Nach Lehr- und Wanderjahren in der Sternegastronomie verwöhnt der Küchenchef nun seine Gäste mit traditionellen elsässischen Gerichten ebenso wie mit klassischer französischer Küche.

Das Menu du Terroir mit Sauerkraut ist ein Muss, ebenso die Jacobsmuscheln mit gebratenen Gambas oder das Rinderfilet mit in Pinot Noir konfierten Schalotten.

Dazu passen eine Vielzahl an Weinen aus dem Elsass und allen anderen französischen Weinbauregionen, kenntnisreich ausgesucht von Mâitre Sommelière Aude.

Une agréable surprise nous attend en plein cœur de la cité médiévale de Bergheim. C'est là en effet que Jacky et Aude Danner ont transformé une ferme viticole du XVe siècle en un restaurant accueillant qui partage avec l'hôtel Chez Norbert une cour intérieure de style méditerranéen.

Accueilli chaleureusement par Aude, la maîtresse de maison, l'hôte pénètre dans un lieu un peu mystérieux avec tous ces objets témoins d'un passé viticole, ces lampes et armoires anciennes, ces tableaux soigneusement choisis, ces bibelots arrangés avec amour.

Maître sommelière et chef cuisinier de formation, Aude et Jacky ont longtemps exercé leurs talents dans la gastronomie étoilée et ils choient maintenant leurs hôtes avec la cuisine alsacienne traditionnelle ainsi qu'avec la cuisine française classique.

Menu terroir à la choucroute, coquilles Saint-Jacques accommodées avec des gambas à la poêle avec une vinaigrette à la noisette, et un filet de bœuf français accompagné d'échalotes confites au Pinot-Noir, ces mets délicieux sont tout simplement un must. Pour les accompagner, la carte des vins offre un grand choix de vins alsaciens et de crus provenant de toutes les régions viticoles françaises.

JAKOBSMUSCHELN, PÜREE VOM HOKKAIDO-KÜRBIS UND HASELNUSS-VINAIGRETTE
NOIX DE SAINT-JACQUES, PURÉE DE POTIMARRON, VINAIGRETTE DE NOISETTES
Dieses Rezept finden Sie auf der Seite 158
Vous trouverez cette recette à la page 158

RESTAURANT LA BACCHANTE
Jacky & Aude Danner
11 Grand-Rue, F-68750 Bergheim
Tél. 00 33 (0) 3 89 / 73 31 15
www.la-bacchante.fr

D 280-75.H.

SINN FÜR STIL UND TRADITION
SENS DU STYLE ET DE LA TRADITION

Im malerischen Ribeauvillé empfängt die Domaine Bott (anno 1835) ihre Gäste. Das Familienweingut wird von Laurent Bott gemeinsam mit seiner Frau Nicole und Sohn Paul geführt. Zusammen mit Großvater Pierre bringen hier drei Generationen ihre weinbauliches Wissen ein und können auf eine 178-jährige Weinbautradition zurückblicken.

Mit ihren ausdrucksstarken Weinen zählt die Domaine Bott zur Elite der elsässischen Weingüter, die in der internationalen Sternegastronomie ihren Platz eingenommen hat. In hervorragenden Lagen, auf lehm-kalkhaltigen, mergel-kalkhaltigen und Schiefer-Sandstein-Böden gedeihen die Grands Crus des Hauses wie Kirchberg de Ribeauvillé, Osterberg, und Gloeckelberg. Hervorragende Crémants wie die Cuvée Nicole und Q.V. Paul werden ausgebaut. Der Stolz des Hauses ist jedoch der unvergleichlich fruchtige, elegante Muskat. Der prächtige historische Weinkeller mit seinen über 100 Jahre alten Holzfässern komplettiert dieses stattliche Anwesen.

Des châteaux forts, des maisons patriciennes de la renaissance, des vignobles historiques caractérisent la pittoresque ville de Ribeauvillé. Le domaine BOTT Frères est situé sur la prestigieuse route des vins d'Alsace à Ribeauvillé.

Vignerons de père en fils depuis 1835, trois générations se côtoient et pérennisent le savoir-faire avec passion.

Laurent Bott dirige avec sa femme Nicole et leur fils Paul le vignoble familial en respectant la tradition et la modernité. Le grand-père Pierre porte le titre honorifique de Grand Maître de la Confrérie Saint-Etienne d'Alsace.

Les vins d'Alsace du domaine Bott Frères sont les fruits de la convergence d'un savoir-faire de deux siècles et d'une terre d'exception. Ils reflètent le caractère des terroirs au sol calcaire, calcaro-gréseux et argilo-calcaire. La culture est raisonnée et les vendanges sont exclusivement manuelles.

Les prestigieux grands crus Kirchberg de Ribeauvillé, Osterberg et Gloeckelberg sont la fierté du domaine. D'excellents crémants d'Alsace et le fameux Muscat expriment le dynamisme et le professionnalisme de la famille.

Le domaine Bott frères accueille ses hôtes dans ses caves anciennes avec ses installations à la pointe de la technologie de vinification ainsi que dans le caveau de dégustation aménagé avec goût. La dégustation des meilleurs vins y est proposée au quotidien. Avec ses vins de caractère, il compte parmi l'élite des vignobles alsaciens et il a pris sa place dans la gastronomie étoilée internationale.

DOMAINE BOTT FRÈRES
Laurent Bott
13 avenue du Général de Gaulle
F-68150 Ribeauvillé
Tél. 00 33 (0) 3 89 / 73 22 50
www.bott-freres.fr

RAFFINIERTE FEINSCHMECKERKÜCHE
UNE CUISINE DÉLICIEUSEMENT RAFFINÉ

Im idyllischen Ribeauvillé finden Feinschmecker eine der individuellsten Adressen des Weindorfs: die Auberge du Parc Carola. Mit ihrem kleinen, aber feinen Familienunternehmen pflegen die Gastgeberin Michaela Peters und ihr Ehemann Laurent Pellegrini mit viel Herzblut die Tradition der Gastlichkeit.

Die Sterneköchin Michaela Peters verwöhnt ihre Gäste mit einer individuell interpretierten elsässischen und einer raffinierten französischen Küche. Kulinarisch trifft sie den Nerv der Zeit. Sie legt allergrößten Wert auf hochwertige Produkte und große Sorgfalt auf die Auswahl der Zutaten. Fisch, wie Bachsaibling, wird aus heimischen Gewässern bevorzugt, spezielle Käsesorten stammen von kleinen elsässischen Käsereien.

Laurent Pellegrini sorgt für die Patisserie einschließlich der Brote: „Alles wird von Hand gemacht."

Tages- oder saisonale Empfehlungen wie Trüffel, Spargel oder spezielle Hummergerichte werden auf einer Schiefertafel präsentiert, die sich unauffällig in das distinguierte, moderne Ambiente einfügt.

Dans un endroit idyllique comme Ribeauvillé, les gourmets trouveront l'une des meilleures adresses de ce village viticole: l'Auberge du Parc Carola. Cette entreprise familiale est petite par la taille, mais possède de grandes valeurs. La tradition de l'hospitalité se trouve au cœur de la philosophie des hôtes Michaela Peters et son mari Laurent Pellegrini.

Le chef étoilé, Michaela Peters, régale ses hôtes d'une cuisine française et raffinée. Elle interprète de façon toute personnelle la cuisine alsacienne. Ses créations correspondent parfaitement aux tendances culinaires actuelles. Elle accorde la plus grande importance à la haute qualité des produits et apporte un soin particulier à la sélection des ingrédients. Cette attitude se retrouve aussi dans le choix des autres produits, comme les fromages achetés chez les petits fromagers alsaciens.

Laurent Pellegrini est responsable de la production du pain et des pâtisseries. « Tous les produits pouvant être faits maison sont préparés sur place ».

Les suggestions du jour ou saisonnales comme les truffes, les asperges ou les plats spéciaux au homard sont inscrits sur une grande ardoise qui s'intègre parfaitement à l'ambiance moderne et distinguée.

BRUSCHETTA MIT MARINIERTEN SARDINEN
BRUSCHETTA DE SARDINES MARINÉES
Dieses Rezept finden Sie auf der Seite 160
Vous trouverez cette recette à la page 161

AUBERGE DU PARC CAROLA
Michaela Peters
48 route de Bergheim, F-68150 Ribeauvillé
Tél. 00 33 (0) 3 89 / 86 05 75
www.auberge-parc-carola.com

En Alsace
depuis 1888
1888
Carola
NATURE
1l
Collection
1888

DIE GESCHICHTE EINER GROSSEN LIEBE
CAROLA – HISTOIRE D'UN AMOUR

Die Geschichten über eine geheime und geheimnisvolle Quelle, die seit dem Mittelalter erzählt wurden, waren längst zu Legenden geworden, als diese Quelle nach aufwendiger Suche im Jahre 1888 von Dr. Staub entdeckt wurde.

Da Dr. Staub die Quelle für alle zugänglich machen wollte, ließ er sie erschließen und gab ihr den Namen Carola, zu Ehren seiner hochgeschätzten Caroline, der ersten Liebe seines Lebens.

In Erinnerung an diese Liebe schuf er ein Brunnenhaus und einen Garten, angefüllt mit Leben und Poesie – und hat damit Ribeauvillé ein bleibendes Gesicht gegeben. Und Caroline ist in der steinernen Skulptur verewigt, die über den Schatz im Brunnenhaus wacht.

Im Lauf der Zeit erwuchs aus der Geschichte von Carola ein Unternehmen, das beharrlich seinen Weg gemacht hat.

Heute ist das Mineralwasser Carola in den größten und renommiertesten Häusern vertreten. Es ist das meist vertriebene Mineralwasser im Osten Frankreichs und der ganze Stolz seiner Region.

Depuis le Moyen-Age, une source secrète et mystérieuse nourrit les légendes jusqu'à ce qu'en 1888, la ferveur d'un homme passionné et fort de plusieurs années de recherches longues et fastidieuses, lui permit de voir le jour. Le Dr Staub nomma cette source Carola en hommage à sa bien-aimée, première passion de sa vie, Caroline. Le docteur Staub voulut désormais partager cette source et réalisa des travaux lui permettant de capter l'eau au griffon.

Au cœur d'un jardin luxuriant à l'atmosphère sereine et bucolique, le pavillon des sources semble ainsi préserver un havre de paix et de nature. Le docteur Staub créa un domaine rempli de vie et de poésie qui ressemble à son amour et changea à jamais le visage de Ribeauvillé. La statue de pierre qui veille sur le trésor au pavillon des sources, c'est Caroline. Carola, c'est l'amour à la fois éternel et passionné, d'un homme pour sa femme. Après la disparition de son créateur, le domaine continua de prospérer et évolue, toujours dans le respect de son « aura originelle ». L'histoire de Carola s'est transformée en une entreprise audacieuse et persévérante, à l'image de son créateur. Devenue partenaire des plus grandes tables, Carola est aujourd'hui l'eau la plus distribuée dans le Grand Est de la France et fait toujours autant la fierté de sa région.

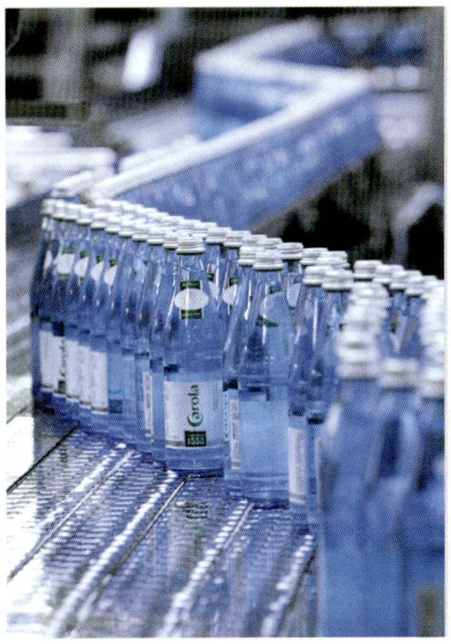

EAU MINERALE DE RIBEAUVILLÉ
CAROLA
Directeur commerciale Christophe Higelé
48 route de Bergheim, F-68150 Ribeauvillé
Tél. 00 33 (0) 3 89 / 73 24 24
www.carola.fr

menu
jean-jacques klein

FEINE GOURMETKÜCHE
CUISINE POUR FINS GOURMETS

Mittelwihr ist ein Zentrum des Elsässer Weinanbaus, besonders bekannt durch seine Grand-Cru-Lage Mandelberg. Dank seines Mikroklimas spricht man vom „Elsässer Süden."

Hier haben, mitten im Dorf, Jean-Jacques Klein und seine Frau Ruth vor acht Jahren ihr Gourmet-Restaurant La Table de Mittelwihr eröffnet. Elegant und farbenfroh präsentieren sich die Gasträume, jeder mit besonderem Flair. Gut und passend ausgewählt, tragen hierzu insbesondere die Gemälde zeitgenössischer Künstler bei.

Nach langjährigen Erfahrungen in der europäischen Sternegastronomie, auch als Chef-Pâtissier, versteht sich der Patron auf eine klassische europäische Küche, die er oft mit thailändischen Akzenten versieht.

Von der marmorierten Enten- und Gänsestopfleber mit Rote-Beete-Karamell bis hin zum bretonischen Steinbutt in Lorbeermilch spannt sich der Reigen kulinarischer Darbietungen.

Für die Auswahl dazu passender Weine sorgt seine charmante Ehefrau Ruth.

Mittelwihr, haut lieu du vignoble alsacien, est particulièrement réputé pour son grand cru Mandelberg. C'est dans ce « Midi de l'Alsace », comme la région est nommée en raison de son microclimat particulièrement doux, que Jean-Jacques Klein et sa femme Ruth ont ouvert il y a maintenant 8 ans, au cœur du village, leur restaurant gastronomique La Table de Mittelwihr.

Les couleurs jouent dans les élégantes salles de restaurant et chacune d'entre elles a son propre cachet auquel les tableaux d'artistes contemporains choisis avec discernement et un goût sûr ne sont pas étrangers.

Après de longues années passées dans la gastronomie étoilée européenne en qualité de chef cuisinier mais aussi de chef pâtissier, le patron excelle dans la cuisine classique européenne à laquelle il marie très souvent des saveurs thaïlandaises.

Le choix de plats pour gourmet va du marbré de foie gras de canard ou d'oie accompagné de betteraves rouges caramélisées jusqu'au turbot de Bretagne au lait de laurier.

Le vin qui accompagne au mieux ces mets délicats est proposé par la charmante Madame Klein.

GAMBAS AUF GEGRILLTER UND MARINIERTER ZUCCHINOSCHEIBE
GAMBAS SUR TRANCHES DE COURGETTE GRILLÉES ET MARINÉES
Dieses Rezept finden Sie auf der Seite 159
Vous trouverez cette recette à la page 159

RESTAURANT
LA TABLE DE MITTELWIHR
Jacques Klein
19a Route du Vin, F-68630 Mittelwihr
Tél. 00 33 (0) 3 89 / 78 61 40
www.la-table-de-mittelwihr.com

BESTHEIM
2009
DEPUIS 1765
ALSACE GRAND CRU
BESTHEIM
RIESLING
Zinnkoepflé

GROSSER ERFOLG
GRAND SUCCÈS

Bennwihr nimmt mit den Weinen „BestHeim" einen besonderen Platz in der Hierarchie der Weinorte ein. Das Geheimnis der Erfolgsgeschichte dieses Traditionsunternehmens beginnt im Jahre 1765 mit dem Weinhändler Alfred Heim in Westhalten.

Die Zusammenlegung der Winzergenossenschaften Westhalten und Bennwihr mit dem Erbe von Alfred Heim hat zu dem Haus BestHeim geführt, dessen neue Generation das Erbe überaus erfolgreich weiter führt. Aus jeder Weinlage gilt es, das Optimum zu erreichen, um so außergewöhnliche Weine zu schaffen, die sich als rassig und elegant erweisen.

Zum Besitz von BestHeims gehören die bedeutendsten Weinlagen des Haut Rhin, wie die Grand-Cru-Lagen Zinnköpfle, Mambourg und Wiebelsberg.

BestHeim ist auch einer der Erzeuger des „Klevener von Heiligenstein". Mit seinem Crémant Prestige hat es Weltruhm erlangt, denn er zählt zu den besten Crémants der Welt.

Das stete Streben nach höchster Qualität, in enger Verbundenheit mit der Natur und den traditionellen Strukturen, macht den Erfolg des „Maison BestHeim" aus.

Avec les vins BestHeim, Bennwihr occupe une place particulière dans la hiérarchie des villages viticoles d'Alsace.

L'histoire de cette prestigieuse maison commence en 1765 avec la fondation du Vignoble Alfred Heim à Westhalten. La fusion des coopératives viticoles de Westhalten et de Bennwihr avec le patrimoine d'Alfred Heim a conduit à la formation de la florissante marque BestHeim dirigée par une nouvelle génération d'hommes et de femmes qui restent fidèles aux règles d'or établies par Alfred Heim. De la culture de la vigne jusqu'à la gestion de l'entreprise, tout se fait dans le respect de la nature et des travailleurs. Il s'agit d'exploiter les vignes de telle sorte qu'elles produisent des vins d'exception mais toujours par des méthodes culturales raisonnées et dans le souci de laisser un environnement sain aux générations futures. Le savoir-faire et l'art de la vinification demeurent traditionnels, mais des méthodes modernes comme les énergies renouvelables sont également utilisées.

L'entreprise propose une importante gamme de vins d'Alsace racés et délicats. Ses grands crus viennent entres autres des terroirs Zinnkoepflé, Mambourg et Wiebelsberg.

BestHeim est également le principal producteur de Klevener de Heiligenstein. Parmi les Crémants d'Alsace de la Maison, le Crémant Prestige est l'un des meilleurs du monde.

BESTHEIM
Directeur Général Thierry Schoepfer
3 rue du Général De Gaulle, F-68630 Bennwihr
Tél. 00 33 (0) 3 89 / 49 09 29
www.bestheim.com

TONNELLERIE
Claude Gillet
21190 ST ROMAIN
France
Elégance

EINE GROSSE WINZER-FAMILIE
UNE GRANDE FAMILLE DE VIGNERONS

Das malerische, mittelalterliche Turckheim, liegt am Eingang zum Münstertal. Seine Bedeutung als Weinbauort ist seit dem 15. Jahrhundert dokumentiert, als es bereits einen blühenden Handel mit der Schweiz gegeben hatte.

An steilen und sonnenverwöhnten Südhängen, wie in der Grand-Cru-Lage Brand, reifen die feinsten Elsässer Weine, wie Riesling, Gewürztraminer und Pinot-Gris.

Bereits auf der Londoner Weltausstellung 1862 wurden Turckheimer Weine mit der Medaille „Honoris Causa" ausgezeichnet und 1900 reihten sie sich unter die besten Weine des Elsass ein.

Das Erbrecht und die beiden Weltkriege veränderten gravierend die wirtschaftliche Lage der Winzer in Turckheim. Für die meisten von ihnen war der Weinbau mit 2 Hektar Fläche ein unwirtschaftlicher Nebenerwerb.

Im Jahre 1955 wurde der Grundstein für die Winzergenossenschaft gelegt und damit der wirtschaftliche Aufstieg vorbereitet. Ihr gehören heute 216 Winzerfamilien an.

Die vielseitige Künstlerin Charlotte von Turckheim fungiert als Botschafterin der Winzergenossenschaft.

Ihre Familie, die aus dem Elsass stammt, verlieh den Gewürztraminern Réserve du Baron de Turckheim Wappen und Namen.

La pittoresque cité médiévale de Turckheim est située à l'entrée de la vallée de Munster, sur les contreforts des Vosges. Son importance en tant que ville viticole remonte au 15e siècle, époque à laquelle le commerce du vin avec la Suisse était florissant.

Sur les abrupts coteaux ensoleillés tels que le Grand Cru Brand mûrissent les plus prestigieux cépages alsaciens comme le Riesling, le Gewurztraminer et le Pinot Gris. Déjà en 1862, les vins de Turckheim ont été récompensés par une médaille honoris causa à l'exposition universelle de Londres et en l'an 1900, ils comptaient parmi les meilleurs d'Alsace.

La loi sur les successions et les deux guerres mondiales ont bouleversé la situation économique des viticulteurs de Turckheim. Pour la plupart d'entres eux, la culture de la vigne sur une superficie de 2 hectares n'était plus rentable.

La pose de la première pierre de la coopérative vinicole en 1955 a sonné la reprise de l'activité économique. Aujourd'hui, la cave de Turckheim regroupe 216 vignerons et les excellents vins qu'elle produit lui ont valu une solide réputation. La talentueuse actrice Charlotte de Turckheim en est la charmante ambassadrice. C'est à sa famille, originaire d'Alsace, que les Gewurztraminer Réserve du Baron de Turckheim doivent leur blason et leur nom.

CAVE DE TURCKHEIM
Directeur Lionel Lécuyer
16 rue des Tuileries, F-68230 Turckheim
Tél. 00 33 (0) 3 89 / 30 23 60
www.cave-turckheim.com

CHOCOLAT

KONZENTRATION AUF DAS WESENTLICHE
CONCENTRÉ SUR L'ESSENTIEL

GEFLÜGELBRUSTFILET MIT STEINPILZFÜLLUNG UND ZITRONENGRAS-BOUILLON
SUPRÊME DE VOLAILLE À LA CITRONNELLE FARCI AUX CÈPES DES VOSGES ET LÉGUMES DE SAISON
Dieses Rezept finden Sie auf der Seite 162
Vous trouverez cette recette à la page 163

Jean-Christophe Perrin, vormals Sternekoch im Caveau d'Eguisheim, Professor an der Hotelfachschule in Guebwiller, hat sich seinen Lebenstraum verwirklicht.

In Hattstatt unweit von Eguisheim eröffnete er im Dezember 2012 sein modernes Restaurant, L'Altévic. Mit diesem Haus hat er seine Lebensphilosophie von der großen Freiheit mit Blick auf das Wesentliche umgesetzt.

Die minimalistische, fast spartanische Inneneinrichtung ist eine Symbiose aus klaren Formen. Glas, Stahl und Holz – komplette Transparenz, wohin der Blick auch schweift. „Hier findet jeder seine Richtung" sagt Perrin.

Kulinarisch überzeugt der Gastgeber mit einer klassischen und marktfrischen Küche, mal regional, mal arabisch. Nachhaltig geprägt von seinen Wanderjahren in der Sternegastronomie innerhalb und außerhalb Europas, setzt er auf Kompositionen wie Presskopf mit Gänsestopfleber, mit Ananas und Schalotten, oder Schweinebäckchen auf Karottenpüree und großen Gambas.

Erlesene Weine oder edle Obstbrände krönen den Genuss.

Jean-Christophe Perrin, ancien chef cuisinier étoilé du Caveau d'Egisheim, professeur au Lycée Hôtelier de Guebwiller, a réalisé le rêve de sa vie.

En décembre 2012, il a ouvert á Hattstatt, non loin d'Eguisheim, L'Altévic, un restaurant remarquable de modernité et a concrétisé ainsi l'idée philosophique de toute sa vie selon laquelle la liberté consiste à se concentrer sur l'essentiel. Le design des lieux épuré, presque spartiate, est une symbiose de formes claires et nettes. La transparence règne dans cet univers de verre, d'acier et de bois où « chacun trouve sa direction », comme le souligne Jean-Christophe Perrin.

Le maître de maison crée l'événement avec sa cuisine classique faite à base de produits frais qu'il accommode avec autant de talent à la mode régionale ou à la mode orientale.

Profondément marqué par ses longues années passées dans la gastronomie étoilée en Europe et hors d'Europe, il excelle dans des compositions comme le fromage de tête alsacien avec foie gras d'oie, ananas et échalotes ou les joues de porc sur fond de purée de carotte garnie de gambas.

Et pour couronner le tout, la carte des vins propose des crus exceptionnels et d'excellentes eaux-de-vie de fruits.

RESTAURANT L'ALTEVIC
Jean-Christophe Perrin
4 rue Wiggensbach, F-68420 Hattstatt
Tél. 00 33 (0) 3 89 / 78 83 56

Klein-Brand
Vin d'Alsace
APPELLATION ALSACE CONTRÔLÉE
Pinot Gris
Prestige
2011
CONCOURS DES GRANDS VINS DE FRANCE
MACON
MÉDAILLE D'OR
2012

QUALITÄT UND AUTHENTIZITÄT
QUALITÉ ET AUTHENTICITÉ

Soultzmatt, im Herzen des „Vallée Noble", ist berühmt wegen seiner Grand-Cru-Lage Zinnkoepflé, die zu den renommiertesten Lagen der Elsässischen Weinstraße zählt.

Laetitia und Eric Klein führen in vierter Generation das Familienweingut, die Domaine Klein-Brand, deren Geschichte bis ins 17. Jahrhundert reicht.

Mit Disziplin, Authentizität und Leidenschaft wird dieses Haus erfolgreich geführt. In besten Lagen produziert die Familie ihre charakterstarken Weine. Die Grand-Cru-Lage Zinnkoepflé mit ihrem warmen Muschelkalkboden bringt die besten Gewürztraminer hervor, wie Grand Cru Zinnkoepflé, Spätlesen und Trockenbeerenauslesen.

Die Terrassenlage Breitenberg, mit Kalk- und roten Sandsteinböden, gibt den Rieslingen und Grauburgundern unverwechselbaren Charakter.

Besonderes Augenmerk legt die Familie seit 30 Jahren auf ihren Crémant, der sich unter anderem durch seine lange Reifezeit auszeichnet.

Eric Klein gefällt es, dass die Natur ihre Geheimnisse hat und kein Jahrgang dem anderen gleicht.

Soultzmatt, situé au cœur de la « Vallée Noble », est célèbre pour sa terre viticole du Grand Cru Zinnkoepflé, l'un des terroirs les plus prestigieux de la route des vins d'Alsace.

Laetitia et Eric Klein, de la quatrième génération, dirigent le domaine viticole familial, Klein-Brand, dont l'histoire remonte au 17ème siècle. Ils gèrent cet établissement avec discipline, authenticité et passion. La famille produit des vins forts en caractère sur les meilleures terres de la vallée. En commençant par le prestigieux Grand Cru Zinnkoepflé, qui, grâce à son sol calcaire coquillé, produit les meilleurs gewürztraminer en appellation Grand Cru Zinnkoepflé, Vendanges Tardives et Sélection de Grains Nobles.

Autre terroir prestigieux le Breitenberg, avec ses terrasses escarpées, sur un sol calcaire gréseux, il donne aux Riesling et aux Pinots Gris un caractère unique.

Depuis 30 ans, la famille accorde également une attention particulière à leurs crémants blanc et rosé qui se caractérisent entre autre par une longue maturation.

Eric Klein apprécie le mystère de la nature et le fait qu'aucun millésime n'est semblable à un autre.

DOMAINE KLEIN-BRAND
Eric Klein
96 rue de la Vallée, F-68570 Soultzmatt
Tél. 00 33 (0) 3 89 / 47 00 08
www.klein-brand.fr

Materne Haegelin
Marie Elisabeth
Koch
1934
2009
Materne Haegelin
Alsace
Cuvée Eliane
Gewurztraminer
Materne Haegelin
et filles
Crémant d'Alsace
Chardonnay
Materne Haegelin
et filles
Rosé

NOBLE LAGEN
EXPOSITIONS EXCEPTIONNELLES

Inmitten geschichtsträchtiger Weinberge liegt das beschauliche Orschwihr. Renaissance-Häuser und ein Brunnen schmücken den Weinort, in dessen Zentrum das Weingut Les caves Materne – Haegelin seine Gäste willkommen heißt.

Das stattliche Anwesen mit Weinkeller, geschnitzten Eichenfässern und rustikaler Weinprobierstube besticht durch harmonisches Ambiente und angenehme Atmosphäre.

Régine Garnier-Haegelin mit ihrer herzlichen, bodenständigen Art, die mit Engagement und Passion die Familientradition fortführt, trägt viel dazu bei.

Der Erfolg des Weingutes, dessen Ruf weit über die Landesgrenzen hinaus bekannt ist, basiert auf der Familien-Philosophie von „Geben und Nehmen". Miteinander verbunden durch die Liebe zum Weinbau, bewirtschaftet die Familie ihre großen Rebflächen mit Herz und Fingerspitzengefühl.

Dem Weingut gehören fünfzig Parzellen von Weinbergen in den Top-Lagen des Elsass. Die Grand-Cru-Lagen des Hauses, Zinnkoepflé, Pfingstberg und Spiegel, bringen exzellente Rieslinge und Gewürztraminer hervor. Der außergewöhnliche Riesling der Lage Bollenberg wird als König der Elsässer Rieslinge bezeichnet.

Entourée de vignobles historiques, la paisible commune de Orschwihr est fière de ses maisons de la Renaissance et de sa belle fontaine. Au centre de ce village viticole, les caves Materne-Haegelin accueillent les visiteurs de tout bord..

Cette superbe demeure avec sa cave aux tonneaux de chêne sculptés et son caveau de dégustation rustique donne une agréable sensation d'harmonie et de bien-être.

La cordialité et la simplicité de Régine Garnier-Haegelin attirent la sympathie. Elle perpétue avec engagement et passion les traditions qui se transmettent dans la famille de génération en génération.

Cette exploitation viticole florissante jouit d'une solide réputation bien au-delà des frontières régionales et sa réussite est basée sur la philosophie familiale de la capacité « à donner et à recevoir ». Unie dans l'amour de la vigne et du vin, la famille Materne-Haegelin exploite ses surfaces viticoles avec passion, travail et persévérance.

Le domaine compte une cinquantaine de parcelles situées sur les meilleurs terroirs alsaciens. Les Grands Crus de la maison sont le Zinnkoepflé, le Pfingstberg et le Spiegel qui donnent d'excellents gewurztraminers et de rieslings. Le Bollenberg offre quant à lui un riesling dont la réputation n'est plus à prouver.

LES CAVES MATERNE – HAEGELIN & FILLES
Régine Garnier-Haegelin
45–47 Grand'Rue, F-68500 Orschwihr
Tél. 00 33 (0) 3 89 / 76 95 17
www.materne-haegelin.fr

PURES WOHLBEFINDEN FÜR ALLE SINNE
HYMNE À LA VOLUPTÉ DES SENS

Thierenbach in den Südvogesen, umgeben von Hügeln, Wiesen und Wäldern, gehört mit seiner berühmten Basilika zu den ältesten und bedeutendsten Wallfahrtsorten des Elsass.

Wer sich nach unverfälschter Ländlichkeit sehnt, durstig ist nach spürbarer Geschichte, als Gast das Besondere sucht, ist hier im Romantik-Hotel Les Violettes am richtigen Ort.

Schon beim Betreten dieses stilvoll und luxuriös ausgestatteten Domizils fühlt man sich verzaubert und merkt, dass Les Violettes über die Privilegien eines Luxushotels hinaus pures Wohlbefinden für alle Sinne bietet.

Eine Genussoase inmitten der Natur. Genießen kann man die Ausblicke von der Sonnenterrasse, die mehrfach ausgezeichnete Gourmetküche, klassisch französisch mit elsässischen Akzenten, exquisit mit einem täglich wechselnden Menü.

Wer nach mehr Wohlfühl-Atmosphäre verlangt, darf sich in dem über 1000 Quadratmeter großen Wellness-Paradies, das der Hausherr Philippe Bosc getreu seiner Unternehmensphilosophie geschaffen hat und das zu den besten seiner Art in Europa zählt, in den Orient träumen.

Entouré de collines, de prairies et de forêts, blotti dans les Vosges du Sud, Thierenbach est avec sa célèbre basilique un des plus anciens hauts lieux de pèlerinage d'Alsace.

Les nostalgiques d'un environnement intact, les passionnés d'histoire et ceux qui recherchent le nec plus ultra en matière d'hôtellerie se sentent parfaitement chez eux dans le Romantik Hotel Les Violettes.

En franchissant le seuil de cette somptueuse demeure aménagée avec raffinement, on pénètre dans un monde onirique qui procure non seulement tous les agréments d'un hôtel de luxe mais où tout contribue également à l'enchantement des sens. Dans un cadre de nature, c'est une oasis où la volupté est reine.

C'est un vrai plaisir que d'admirer la belle vue qu'offre la terrasse ensoleillée. Et comment décrire la jouissance qu'on éprouve à savourer la cuisine gastronomique plusieurs fois primée du restaurant, ces mets délicieux de tradition française avec juste une pointe d'accent alsacien, ces menus exquis chaque jour différents?

Dans le fabuleux spa qui s'étend sur plus de 1000 m² et qui compte parmi les plus prestigieux d'Europe, tous les charmes et sortilèges de l'Orient s'unissent pour envoûter irrésistiblement les visiteurs. Philippe Bosc est le magicien de ces lieux féeriques qu'il a créés selon sa philosophie du luxe et du bien-être.

PAVÉ VOM SEEBARSCH
PAVÉ DE BAR
Dieses Rezept finden Sie auf der Seite 164
Vous trouverez cette recette à la page 164

LES VIOLETTES
HOTEL & SPA
Philippe Bosc
Route de Thierenbach, F-68360 Soultz
Tél. 00 33 (0) 3 89 / 76 91 19
www.les-violettes.com

REZEPTE

JAKOBSMUSCHELN, PÜREE VOM HOKKAIDO-KÜRBIS UND HASELNUSS-VINAIGRETTE

Restaurant La Bacchante, Seite 136

ZUTATEN FÜR 4 PERSONEN

12 Jakobsmuscheln, 12 Gambas, 1 EL geklärte Butter, Salz und Pfeffer aus der Mühle

KÜRBISPÜREE

1 Hokkaido-Kürbis, 1 Zwiebel, 1 Nuss Butter, Salz, Pfeffer

HASELNUSS-VINAIGRETTE

100 g geröstete Haselnüsse, 3 EL Essig, 9 EL Haselnussöl

ZUBEREITUNG

Für das Kürbispüree die kleingeschnittene Zwiebel in einem Topf mit der Butter anschwitzen. Den geschälten, in große Stücke geschnittenen Kürbis dazugeben, mit Wasser auffüllen, würzen und 20 Minuten kochen, abtropfen lassen und im Mixer pürieren.

Für die Haselnuß-Vinaigrette alle Zutaten in einem Mixer pürieren

Geklärte Butter in einer Pfanne erhitzen. Die Jakobsmuscheln und Gambas mit Salz und Pfeffer würzen, in die heiße Butter geben und 2 Minuten auf jeder Seite braten.

Die Jakobsmuscheln mehrmals in der Pfanne anbraten, um eine schöne Farbe zu erzielen.

Die Jakobsmuscheln und Gambas mit der Haselnuss-Vinaigrette übergießen und auf einem Teller mit Hokkaido-Püree anrichten.

NOIX DE SAINT-JACQUES, PURÉE DE POTIMARRON, VINAIGRETTE DE NOISETTES

Restaurant La Bacchante, page 136

INGRÉDIENTS POUR 4 PERSONNES

12 belles noix de Saint-Jacques, 12 queues de Gambas, 1 c. à s. de beurre clarifié, sel et poivre du moulin

POUR LA PURÉE DE POTIMARRON

1 potimarron, 1 oignon, 1 noix de beurre, sel, poivre,

POUR LA VINAIGRETTE DE NOISETTES

100 g de noisettes torréfiées, 3 c. à s. de vinaigre, 9 c. à s. d'huile de noisette

PRÉPARATION

Mixer le tout dans un blender par petites pulsions. Au dernier moment faire chauffer une poêle avec le beurre clarifié. Assaisonnez les coquilles Saint-Jacques et les Gambas (sel et poivre).

Quand la matière grasse fume très légèrement y déposer les St Jacques et les Gambas.

Laisser cuire 2 minutes de chaque coté.

Petite astuce : préférez poêler les St Jacques en plusieurs fois pour une belle coloration.

Arrosez les St Jacques et les gambas avec la vinaigrette de noisette.

Dressez votre assiette et bon appétit.

RECETTES

GAMBAS AUF GEGRILLTER UND MARINIERTER ZUCCHINOSCHEIBE

Restaurant La Table de Mittelwihr, Seite 144

ZUTATEN FÜR 4 PERSONEN

1 Zucchino, 16 Gambas der Größe 12/16, 4 Kirschtomaten, 3 kleine Artischockenböden in Öl, Kichererbsen aus der Dose, 1 Sträußchen Borretschblüten, Rucolasalat, sehr gutes Olivenöl, Salz, Pfeffer aus der Mühle

ZUBEREITUNG

Den Zucchino längs in dicke Scheiben schneiden, kurz auf beiden Seiten sehr bissfest grillen, salzen, pfeffern und mit Olivenöl beträufeln, beiseite stellen.

Nach dem Entfernen der Schalen, die Gambas längs dem Rücken einschneiden, mit Salz und Pfeffer würzen und in Olivenöl braten, beiseite stellen.

Einige Kichererbsen mit etwas Öl pürieren, Tomaten vierteln, Artischocken in 4 oder 6 Teile schneiden.

Eine Zucchinoscheibe auf den Teller legen, Gambas, Tomaten, Artischocken abwechselnd darauflegen, mit Rucola-Blättern dekorieren und mit etwas Olivenöl beträufeln.

An jede Seite der Zucchinoscheibe drei Tupfer Kichererbsenpüree geben, darauf einige mit Olivenöl, Pfeffer und Salz gewürzten Kichererbsen setzen.

Die Kichererbsen mit einer Borretschblüte verzieren und die Teller mit etwas Tomatencoulis ausdekorieren.

GAMBAS SUR TRANCHES DE COURGETTE GRILLÉES ET MARINÉES

Restaurant La Table de Mittelwihr, page 144

INGRÉDIENTS POUR 4 PERSONNES

1 courgette, 16 queues de gambas taille 12/16, 4 tomates cerises, 3 fonds d'artichauts (petits) à l'huile, pois chiches en boîte, coulis de tomate, fleurs de bourrache, salade de roquette, huile d'olive de très bonne qualité, sel, poivre du moulin

PRÉPARATION

Couper la courgette en tranches épaisses, puis la faire griller rapidement sur les deux côtés, il faut qu'elle reste très croquante, saler, poivrer et arroser généreusement d'huile d'olive, réserver.

Décortiquer les gambas, les inciser sur le dos dans la longueur, les assaisonner de sel et de poivre et poêler à l'huile d'olive, réserver.

Prendre quelques pois chiches et les réduire en purée avec un peu d'huile d'olive, couper les tomates en 4, couper les artichauts en 4 ou 6.

Déposer une tranche de courgette sur une assiette, poser dessus les queues de gambas, les tomates, les artichauts en intercalant chaque fois ; décorer avec des feuilles de roquette et assaisonner avec un filet d'huile d'olive.

Dans l'assiette, déposer de chaque côté de la courgette trois petits points de purée de pois chiche et poser dessus trois ou quatre pois chiches au préalablement assaisonnés avec un peu d'huile d'olive, du poivre et éventuellement du sel.

Mettre une fleur de bourrache sur les pois chiches et décorer l'assiette de quelques ponts de coulis de tomate.

REZEPTE

BRUSCHETTA MIT MARINIERTEN SARDINEN

Auberge du Parc Carola, Seite 140

ZUTATEN FÜR 4 PERSONEN

SARDINEN :

12 Sardinenfilets, 3 unbehandelte Zitronen, Saft, 1 Bund Dill, 1 Bund Estragon, 1 El Korianderkörner, 200 ml Olivenöl, grobes Meersalz

BRUSCHETTA

6 Scheiben Toastbrot oder frz. Baguette, 4 große Strauchtomaten, 1 Bund Schnittlauch, 1 Schalotte, Salz, weißer Pfeffer aus der Mühle, 2 El Olivenöl

SALAT

Olivenöl, Balsamico-Essig, Fleur de sel, Pfeffer aus der Mühle, junger Blattsalat, Lauchsprossen, Borretschblüten, Pesto

ZUBEREITUNG

Die Sardinenfilets sorgfältig entgräten. Für die Marinade die Zitronen auspressen.
Den Saft mit Dill, Estragon und Koriander mit dem Olivenöl im Mixer glatt rühren.
Die Sardinenfilets auf der Haut in ein Gefäß legen und mit grobem Meersalz und der Marinade würzen, zugedeckt mindestens 12 Stunden kalt stellen.

Für die Bruschetta die Tomaten enthäuten, vierteln, entkernen und in feine Würfel schneiden.
Den Schnittlauch und die Schalotten fein schneiden unter die Tomaten mischen. Mit Salz, Olivenöl und Pfeffer kräftig abschmecken.
Die Brotscheiben entrinden und toasten. Die Tomatenwürfel gleichmäßig darauf verteilen und mit den Sardinenfilets belegen.
Aus gleichen Teilen Olivenöl und Aceto Blasamico sowie Salz und Pfeffer ein Dressing anrühren. Den Salat damit anmachen und mit Lauchsprossen und Borretschblüten dekorieren.
Mit Pesto servieren.

RECETTES

BRUSCHETTA DE SARDINES MARINÉES

Auberge du Parc Carola, page 140

INGRÉDIENTS POUR 4 PERSONNES

POUR LES SARDINES

12 filets de sardines, 3 citrons (jus), 1 botte d'aneth, 1 botte d'estragon, 1 c.s. de coriandre, 20 cl d'huile d'olive, gros sel

POUR LE BRUSCHETTA

4 tomates en grappe, 1 botte de ciboulette, 1 échalote, sel, poivre blanc, 2 c.s. d'huile d'olive extra vierge, 6 tranches de toast ou une baquette

POUR LA SALADE

Jeune pousse de salade, huile d'olive, vinaigre balsamique, germes de poireau, fleur de sel, poivre du moulin, fleur de bourrache

PRÉPARATION

Désarêter les filets de sardines. Pour la marinade des sardines presser les citrons.

Mixer l'aneth, l'estragon, la coriandre avec le jus de citron et l'huile d'olive.

Disposer les sardines sur la peau dans un plat et les napper avec la marinade. Laisser mariner pendant 12 heures.

Pour la Bruschetta : monder les tomates, couper en quatre, vider puis couper en brunoise.

Couper la ciboulette et l'échalote en brunoise et les mélanger avec les tomates puis assaisonner avec sel et poivre.

Enlever la croûte du toast et toaster les tranches. Tartiner les tomates sur les toasts et couvrir avec les sardines marinées.

Mélanger tant pour tant d'huile d'olive et de vinaigre balsamique, sel et poivre pour la vinaigrette.

Assaisonner les jeunes pousses de salade avec la vinaigrette. Décorer avec les germes de poireau et la fleur de bourrache.

Servir avec du pesto.

REZEPTE

GEFLÜGELBRUSTFILET MIT STEINPILZFÜLLUNG UND ZITRONENGRAS-BOUILLON

Restaurant L'Altévic, Seite 150

ZUTATEN FÜR 4 PERSONEN

4 Geflügelbrustfilets à 120 g

FARCE

100 g Geflügelbrust, 50 g gemahlenes Toastbrot (pain de mie), 1 Ei, 100 ml Sahne, 10 g Blattpetersilie, 30 g frische Steinpilze, 4 schöne Wirsingblätter, blanchiert, etwas Olivenöl, Salz, Pfeffer

GEMÜSE-BOUQUET

12 weiße Rübchen mit Grün, 8 kleine Karotten mit Grün, 4 sehr kleine Lauchstangen, 8 kleine Schalotten, 80 g Zuckererbsen, 80 g grüne Bohnen, 20 g getrocknete Tomaten, 20 ml Olivenöl, 20 g Butter, Salz, Pfeffer

ZITRONENGRAS-BOUILLON

200 ml Crémant d'Alsace, 100 ml Geflügel-Bouillon, 2 Stängel Zitronengras, 1 Zwiebel, 20 g Butter, 1 Prise Salz, 1 Prise Pfeffer, 1 Prise Piment d'Espelette

ZUBEREITUNG

Für die Farce das Fleisch fein würfeln, mit dem Brot und Ei mixen und die Sahne nach und nach dazugeben, salzen und pfeffern.

Die Steinpilze dünn schneiden, in etwas Olivenöl leicht abbräunen, der Farce beimengen und klein geschnittene Blattpetersilie dazugeben.

Die Brustfilets der Länge nach aufschneiden, mit einem guten Löffel Farce füllen. Wieder zuklappen, je ein Filet in ein Wirsingblatt einrollen und mit Alufolie umwickeln. Bei 80 °C im Backofen 35 Minuten garen.

Für das Gemüse-Bouquet die Schalotten schälen vierteln. Lauch putzen, Rübchen und Karotten schälen, die Blattstiele nicht entfernen.

Die Bohnen und Zuckererbsen für 3 bis 5 Minuten in einen Topf mit kochendem und gesalzenem Wasser geben. Abgießen, in ein großes Gefäß mit kaltem Wasser schütten, dann wiederum abgießen und beiseite stellen.

In einem Kochtopf die Schalottenviertel in Olivenöl anbräunen. Rübchen, Karotten und Lauch dazugeben, das Zitronengras und die getrockneten Tomaten zufügen, salzen und pfeffern, dann die Butter dazugeben. Zugedeckt 15 Minuten dünsten.

Für die Zitronengras-Bouillon Zwiebel und Zitronengras-Stängel sehr fein schneiden und in Butter anschwitzen. Mit Crémant aus dem Elsass ablöschen. Nach 2 Minuten die Geflügelbouillon dazugeben und würzen. 7 bis 8 Minuten kochen und dann mixen.

Das gedünstete Gemüse sowie Bohnen und Zuckererbsen auf 4 tiefe Teller anrichten.

Die 4 Geflügelstücke schräg schneiden und auf das Gemüse setzen. Mit Zitronengras-Bouillon nappieren.

SUPRÊME DE VOLAILLE À LA CITRONNELLE FARCI AUX CÈPES DES VOSGES ET LÉGUMES DE SAISON

Restaurant L'Altévic, page 150

INGRÉDIENTS POUR 4 PERSONNES
4 pièces de 120 g de suprême de volaille

POUR LA FARCE FINE
100 g de blanc de volaille, 1 œuf, 100 g de crème, 50 g de pain de mie, 10 g de persil plat, 30 g de Cèpes des Vosges frais, 4 belles feuilles de chou vert blanchies

BOUQUET DE LÉGUMES
12 navets fanes, 8 carottes fanes, 4 mini poireaux, 8 petites échalotes, 80 g de pois gourmands, 80 g de haricots verts, 20 g de tomates séchées, 2 cl d'huile d'olive, 20 g de beurre

BOUILLON À LA CITRONNELLE :
20 cl de Crémant d'Alsace, 1 cube ou 10 cl de bouillon de volaille, 2 bâtons de citronnelle, 1 oignon, 20 g de beurre, 1 pincée de sel, 1 pincée de poivre, 1 pincée de piment d'Espelette

PRÉPARATION
La farce fine : Couper la chair de volaille en petits cubes. Mixer avec l'œuf, la mie de pain puis ajouter progressivement la crème. Saler, poivrer. Emincer les cèpes et les faire revenir dans un peu d'huile avant de les incorporer à la farce. Ajouter le persil plat ciselé.

Ouvrir les suprêmes de volaille en deux dans la longueur et les garnir d'une bonne cuillère de farce. Refermer et enrouler chaque suprême dans une feuille de chou puis dans du papier aluminium. Faire cuire au four à 80 °C (th. 3) pendant 35 minutes.
Bouquet de légumes : Eplucher les échalotes, les couper en quartiers. Eplucher les petits légumes en conservant leurs fanes. Plonger les haricots et les poids gourmands équeutés dans une casserole d'eau bouillante salée pendant 3 à 5 minutes après la reprise de l'ébullition. Egoutter, puis les plonger dans un grand volume d'eau très froide. Egoutter à nouveau, réserver.
Dans une cocotte, faire colorer les quartiers d'échalotes dans l'huile d'olive. Ajouter les navets, carottes et poireaux, adjoindre le bâton de citronnelle, les tomates séchées, saler et poivrer, puis ajouter le beurre. Cuire à couvert pendant 15 minutes.
Bouillon à la citronnelle : Faire suer l'oignon et le bâton de citronnelle émincés au beurre. Déglacer au Crémant d'Alsace. Après 2 minutes, ajouter le bouillon de volaille. Saler, poivrer, ajouter le piment d'Espelette et laisser cuire 7 à 8 minutes, mixer le bouillon.
Dressage : Répartir dans quatre assiettes creuses les légumes cuits en cocotte ainsi que les haricots verts et les pois gourmands. Couper chaque suprême de volaille en biseau et les disposer sur les légumes. Napper de bouillon à la citronnelle.

REZEPTE

PAVÉ VOM SEEBARSCH

Hotel & Spa Les Violettes, Seite 156

ZUTATEN FÜR 4 PERSONEN

1 Seebarsch von 1,5 kg, 1 Butternut-Kürbis, 200 g Topinambur, 200 g frische Esskastanien, 500 ml Fischfond, Balsamico-Essig, 500 ml Milch, etwas Gemüsebrühe, Schnittlauch, Oxalis, Pfeffer und Salz

ZUBEREITUNG

Den Barsch entschuppen, waschen, filetieren, entgräten und in Stücke von etwa 200 Gramm teilen. Anschließend diese Portionen in Scheiben von 5 Millimeter Dicke schneiden und vor dem Zubereiten in das ursprüngliche Stück wieder zusammensetzen.

Die Rückengräte in einem Bräter anbraten, und etwas bräunen, mit Balsamico ablöschen, reduzieren und den Fischfond hinzugeben. Nochmals reduzieren und durch ein Spitzsieb passieren.

Die Kastanien und den Topinambur würfeln, in etwas Gemüsebrühe kochen, klein geschnittenen Schnittlauch hinzugeben.

Die Butternut schälen, in große Stücke schneiden, in je zur Hälfte Wasser und Milch kochen, mit dem Mixer pürieren und würzen.

Die Barschstücke in Olivenöl in einer Pfanne auf der Haut braten. Die Barschstücke mit der Haut nach oben für 1 Minute bei 180 °C in den Backofen schieben.

PAVÉ DE BAR

Hotel & Spa Les Violettes, page 156

INGRÉDIENTS POUR 4 PERSONNES

pièce de bar de 1,5 kg, 1 butternut, 200 g de brunoise de topinambour, 200 g de brunoise de châtaigne, 50 cl de fumet de poison, vinaigre balsamique, 50 cl de lait, ciboulette, oxalis, poivre et sel

PRÉPARATION

Ecailler, laver, désarêter le bar et tailler des portions de 200 g environ. Tailler ensuite ces portions en lamelles de 5 mm puis reconstituer les pavés avant cuisson.

Faire rôtir l'arête dorsale du bar dans une sauteuse jusqu'à coloration.

Déglacer au balsamique, laisser réduire et ajouter le fumet. Réduire puis passer au chinois.

Faire cuire les châtaignes et les topinambours dans un bouillon de légumes aux châtaignes, ajouter la ciboulette.

Eplucher le butternut, tailler en gros cubes, mouiller à hauteur moitié eau, moitié lait; faire cuire, passer, mixer au blender et assaisonner.

Faire cuire les pavés de bar tranchés reconstitués dans une poêle à l'huile d'olive côté peau. Retirer du feu et finir la cuisson 1 minute au four à 180°C, peau vers le haut.

Champignons

ZENTRALELSASS

Die Region zwischen Straßburg und Colmar

Mittelalterliche Dörfer, Städte mit großer Tradition und reichen Kulturschätzen, trutzige Burgen und einmalige Naturparadiese prägen das Herzstück des Elsass. Das Mikroklima dieser Landschaft, die gleichermaßen fruchtbaren und beeindruckenden Weinberge, die Auen des Grand Ried und des Illwald vermitteln dem Besucher einen nachhaltigen Eindruck. Ihm offenbaren sich landschaftliche Schönheiten, unzählige historische Denkmäler einer vielfältigen Kultur und kulinarische Köstlichkeiten in allen Facetten.

Zwischen der Zuckerstadt Erstein und Colmar, im Westen eingegrenzt durch die Ill und im Osten durch den Rhein, liegt das Große Ried, eine Naturregion der elsässischen Ebene.

Das Wort „Ried“ stammt aus dem alemannischen Sprachschatz und bedeutet Rohr und Schilf. Wasser ist hier allerwege: der Rhein und sein im Jura entspringender Nebenfluss, die nicht eingedeichte Ill, sowie viele kleine Vogesenflüsse sind für das Überschwemmungsgebiet des Grand Ried ursächlich. In diesen reizvollen Auen mit feuchten, überschwemmten Wiesen, kleinen Wäldern und Schilfdickichten leben seltene Vogelarten wie der große Brachvogel, die Rohrweihe, die Sumpfohreule, Eisvögel und Kiebitze. Nach langen Jahren der Ausrottung ist auch der nützliche Biber wieder heimisch geworden.

In Muttersholtz, einem kleinen Ort unweit von Selestat, ist die überschwemmte Landschaft am eindrucksvollsten. In dieser wasserreichen Region war einst der Anbau von Flachs zur Herstellung von Leinen beheimatet. Noch heute werden diese traditionellen Stoffe, im Elsass „Kelsch“ genannt, von Michel Gander, dem letzten Kelsch-Weber in Muttersholz, hergestellt.

Der Illwald bei Sélestat ist eine vielfältige Landschaft, mit ausgedehnten Auwäldern, Heuwiesen, Ried-Sümpfen und Ried-Schwemmwiesen. Er zählt mit seiner fast 2000 Hektar Fläche und einer außergewöhnlichen Flora und Fauna zu Frankreichs größten Naturschutzgebieten. Darüber hinaus ist der Illwald bekannt für seine Dammwildpopulation, der größten in Europa.

Sélestat, die Hauptstadt des Ried, präsentiert sich mit vielen schön renovierten historischen Gebäuden. „Nobile Selestadium“ edles Schlettstadt benannte Erasmus von Rotterdam in einem Lobgesang das einstige Zentrum des Humanismus. Ausgangs des 15. Jh. und anfangs des 16. Jh. erlebte die Stadt an der Ill ihren intellektuellen Höhepunkt. Mit ihrer Lateinschule, in der man die Kunst des Redens, Schreibens und Dichtens lernte, wurde sie weit über die Lande berühmt. Zahlreiche bedeutende Gelehrte, wie der Jurist und Theologe Jakob Wimpfeling und der Historiker Beatus Rhenanus, haben hier gewirkt. Die umfangreiche Privatbibliothek von Beatus Rhenanus befindet sich heute in der Kornhalle (Halle aux Blés), in der berühmten Humanistischen Bibliothek von Sélestat. Sie gehört zu den bedeutendsten Kulturschätzen des Elsass.

Die ehemalige Reichsstadt Colmar, einst von Kaiser Friedrich Barbarossa zur freien Reichsstadt erhoben, liegt im Herzen der elsässischen Weinstraße. Mit seinem reichen architektonischen Erbe, dem pittoresken mittelalterlichen Stadtkern, prächtigen Fachwerk- und Renaissancehäusern, den Bauwerken des Klassizismus und den Bauten aus der wilhelminischen Zeit, zählt es zu den sehenswertesten Schönheiten des gesamten Elsass.

L'ALSACE CENTRALE

Région comprise entre les villes de Strasbourg et de Colmar

Le cœur de l'Alsace est caractérisé par ses villages médiévaux, ses villes fières de leurs traditions, ses châteaux forts et ses paysages idylliques. Le microclimat de cette région, ses vignobles prestigieux, ses vallées du Grand Ried et de l'Illwald laissent un souvenir inoubliable au visiteur. Celui-ci est séduit par la beauté des paysages, les innombrables trésors historiques et culturels du pays et les délices gastronomiques de toutes sortes.

Bordé à l'Ouest par l'Ill et à l'Est par le Rhin, entre la ville sucrière d'Erstein et Colmar, se trouve une des plus belles régions naturelles de la plaine d'Alsace, le Grand Ried dont le nom est dérivé de l'alémanique et signifie roseau. L'eau y est omniprésente. Le Rhin et son affluent l'Ill qui prend sa source dans le Jura et dont le lit n'est pas endigué ainsi que de nombreux petits cours d'eau vosgiens inondent le Grand Ried. Dans ces ravissantes vallées, ces prairies inondables, ces petites forêts et ces taillis de roseaux vivent des espèces d'oiseaux très rares comme le courlis cendré, le busard des roseaux, le hibou des marais, le martin-pêcheur et le vanneau huppé. Après avoir disparu dans la région, le castor y a été réintroduit avec un succès réjouissant.

C'est à Muttersholtz, petit village proche de Sélestat, que les zones inondées sont les plus impressionnantes. Dans la région riche en eau du Grand Ried, on faisait autrefois la culture du lin pour la fabrication d'étoffes et c'est en lin que les premiers tissus kelsch ont été fabriqués. Ces tissus traditionnels sont produits aujourd'hui encore par Michel Gander qui est le dernier tisserand de kelsch d'Alsace.

L'Illwald près de Sélestat est une région très diversifiée avec de grandes forêts alluviales, des prairies de fauche, des marécages et des prés inondables. Avec une superficie d'environ 2000 hectares, une flore et une faune d'une richesse exceptionnelle, l'Illwald compte parmi les plus grandes régions naturelles protégées de France. Il est en outre très connu pour sa population de daims sauvages qui est la plus importante d'Europe.

Sélestat, la capitale du Ried est remarquable pour ses nombreux bâtiments historiques parfaitement rénovés. « Nobile Selestadium », c'est ainsi qu'Erasme de Rotterdam commence son poème à la gloire de Sélestat, alors grand centre humaniste. Et il est incontestable que Sélestat n'a rien perdu de sa noblesse. La ville sur l'Ill a connu son apogée intellectuelle à la fin du XVe siècle et au début du XVIe. Son école latine dans laquelle la rhétorique, la littérature et la poésie étaient enseignées lui a valu une renommée internationale.

De nombreux savants notoires comme le juriste et théologue Jacques Wimpfeling ou l'historien Beatus Rhenanus sont indissociables de la ville. La très riche bibliothèque privée de Beatus Rhenanus se trouve aujourd'hui dans la célèbre Bibliothèque Humaniste de Sélestat aménagée dans l'ancienne halle aux blés. Elle fait partie des richesses culturelles les plus importantes d'Alsace.

Devenue Ville libre d'Empire par la charte de franchise que Frédéric Barberousse lui a donnée, la charmante commune de Colmar se trouve sur la route des vins. Avec son riche patrimoine architectural, son pittoresque coeur de ville médiéval, ses splendides maisons à colombage, ses belles bâtisses de la Renaissance, ses bâtiments du classicisme français, ses édifices de style néo-renaissance allemande, Colmar est une magnifique ville d'Alsace.

au vieux pignon

GROSSE KOCHKUNST
DU GRAND ART CULINAIRE

In der Zuckerstadt Erstein wirkt seit über 20 Jahren Jean-Victor Kalt, der zu den besten Köchen des Elsass zählt. Bereits als kleiner Junge war ihm bewusst, dass „der Weg das Ziel ist". Dieser Intention folgend, zog er in den Jahren seiner Ausbildung bis nach Irland, um sich dann so bald wie möglich wieder in der Heimat niederzulassen

Sein weiträumiges Restaurant sorgt mit einem gemütlichen Ambiente für Wohlfühlatmosphäre. Vom Empfang bis zur Verabschiedung ist es für Jean-Victor Kalt eine Ehre, seine Gäste selbst zu beraten und zu betreuen. Weinempfehlungen gehören zu seiner großen Leidenschaft.

Allein die kenntnisreich geführte Weinkarte präsentiert fünf Seiten Riesling, mit zahlreichen Jahrgangsweinen. Vom Präsident der Association des Sommeliers d'Alsace, Serge Dubs, wurde er bislang als einziger Küchenchef zum Maître Sommelier ernannt.

In diese außergewöhnliche Fürsorge für den Gast fügt sich die Küche unter seiner Regie perfekt ein. Dem Besucher wird es an nichts fehlen.

Jean-Victor Kalt, l'un des meilleurs chefs cuisiniers d'Alsace, exerce depuis plus de 20 ans à Erstein, capitale du sucre. Déjà étant petit, il savait que « l'important c'est le chemin ».

Pour atteindre son objectif, il a alors fait ses années de formation et de voyage jusqu'en Irlande pour s'installer le plus rapidement possible dans son pays d'origine.

Son restaurant réparti sur un grand espace assure une atmosphère de bien-être grâce à ses ambiances chaleureuses et conviviales.

De la réception au départ, c'est un honneur pour Jean-Victor Kalt de conseiller et de choyer lui-même ses clients. Les suggestions de vins témoignent de sa grande passion.

La carte des vins très complète présente à elle seule cinq pages de Riesling sur des très nombreux millésimes.

En tant que chef cuisinier hors pair, il a été nommé Maître Sommelier par le Président de l'Association des Sommeliers d'Alsace, Serge Dubs.

La cuisine qu'il dirige s'insère parfaitement dans cet établissement où une attention particulière est portée aux clients. Le client ne manquera de rien.

HUMMERSALAT, GEBRATENE JAKOBSMUSCHELN UND ZWEIERLEI ENTENLEBER
SALADE DE HOMARD, NOIX DE SAINT-JACQUES POÊLÉS AUX DEUX FOIES GRAS DE CANARD
Dieses Rezept finden Sie auf der Seite 194
Vous trouverez cette recette à la page 194

RESTAURANT
JEAN-VICTOR KALT
41, avenue de la Gare, F-67150 Erstein
Tél. 00 33 (0) 3 88 / 98 09 54

ZEITGEIST UND NATURGEIST
ESPRIT NATURE ET CONTEMPORAIN

Im Herzen der Elsässischen Ebene, im Le Grand Ried, prägen Fachwerkhäuser den ruhigen Ort Sand. Hier steht das Hotel-Restaurant La Charrue, eine ehemaligen Poststation.

Christian Neff hat 1988, nach seiner Wanderzeit in der Sternegastronomie, das historische Anwesen seines Vaters übernommen. Er und seine Frau Nathalie verwöhnen ihre Gäste in dem Dreisternehotel und dem Restaurant mit einer perfekten Mischung aus klassisch-elsässischem und modernem Ambiente.

Ein reichhaltiges Frühstück wird in der gemütlichen elsässischen Stube serviert, bevor man sich auf Entdeckungsfahrt ins Grand Ried aufmacht.

Am Abend erwartet den Gast im Restaurant ein freundliches Flair, eine gelungene Mischung aus historischen und modernen Elementen.

Die Küche von Christian Neff, orientiert sich an den französischen Traditionen und basiert auf regionalen Produkten mit saisonaler Ausrichtung. Traditionelles, wie fritierte Karpfen oder Zanderfilet, und seine Spezialität Schneckenwurst mit Bärlauch, lassen die Anhänger seiner Küche immer wieder nach Sand kommen.

Au cœur de la plaine d'Alsace dans la paisible commune de Sand l'hôtel-restaurant La Charrue, ancien Relais de Charretiers attire l'attention.

Après son périple à travers la Grande Cuisine, Christian Neeff a repris en 1988 la propriété historique de son père. Avec son épouse Nathalie, ils vous régalent dans leur hôtel trois étoiles et au restaurant, où règne une atmosphère mêlant parfaitement le classique alsacien et moderne.

Avant d'entreprendre un voyage de découverte dans le Grand Ried, profitez d'un petit déjeuner « buffet Alsacien » servi dans la chaleureuse Stub alsacienne. Le soir, une ambiance généreuse, avec un mélange d'authenticité et de modernisme, attend les clients.

La cuisine de Christian Neeff reste fidèle aux traditions françaises en n'utilisant surtout des produits régionaux et de saison. Les traditionnelles, « Carpes frites » ou le filet de sandre au Riesling, ainsi que l'original saucisson d'escargots à l'ail des ours, attirent les adeptes de sa cuisine à Sand.

ZANDERFILET GEGRILLT MIT STEINPILZEN, FRISCHE NUDELN, PINOT-NOIR-SAUCE
FILET DE SANDRE GRILLÉ AUX CÈPES, NOUILLES, SAUCE PINOT NOIR

Dieses Rezept und ein weiteres finden Sie auf der Seite 196 und 197
Vous trouverez cette recette ainsi qu'une autre à la page 196 et 197

HOSTELLERIE
DE LA CHARRUE
4 rue du 1er Décembre, F-67230 Sand
Tél. 00 33 (0) 3 88 / 74 42 66
www.lacharrue.com

DAS GEWISSE ETWAS
VRAIMENT ORIGINAL

PÂTE À PÂTÉ
PÂTE À PÂTÉA
Dieses Rezept finden Sie auf der Seite 198
Vous trouverez cette recette à la page 199

In der ländlichen Idylle des Grand Ried und des Illwald, der für die größte Damwild-Population Europas bekannt ist, empfängt das stattliche Anwesen Hotel und Auberge de L'Illwald seine Gäste mit viel Atmosphäre.

Die Familie Schwartz hat dem ehemaligen elterlichen Bauernhof mit Ausschank das „gewisse Etwas" gegeben und dennoch die Seele dieser historischen Anlage bewahrt. Gekonnt und mit viel Einfühlungsvermögen wurde das Anwesen in dieses ansprechende Refugium verwandelt. Bis ins kleinste Detail durchdacht, heben sich elegantes Dekor und erlesenes Interieur von den Sandstein-Gemäuern ab. Ein distinguierter Landhausstil, der mit seinen historischen Materialien wie Holz und Stein und seinen individuell gestalteten Wohlfühlzimmern seinesgleichen sucht.

Im behaglichen Restaurant des Hauses, mit seiner authentischen Wandvertäfelung, handgemalten Fresken und Butzenscheiben, sorgt das erfahrene, kompetente Küchenteam für den lustvollen kulinarischen Rahmen. Die Vielfalt eines regional und saisonal geprägten Genussreigens, kreativ interpretiert, erfreut die Gaumen der Gäste.

Dans l'idylle bucolique du Grand Ried et de l'Illwald où l'on trouve la plus importante horde sauvage de daims d'Europe, le somptueux ensemble Hôtel-auberge de l'Illwald réserve à ses hôtes un accueil des plus chaleureux.

La famille Schwartz a donné à l'ancienne ferme parentale un caractère extrêmement original tout en préservant jalousement l'âme de ces lieux historiques qu'ils ont transformés avec beaucoup de goût et d'amour en un établissement de luxe et de bien-être.

La décoration charmante et l'aménagement raffiné, pensés dans les moindres détails, contrastent avec les murs de grès. De style à la fois rustique et élégant, avec ses matériaux traditionnels comme le bois et la pierre, ses chambres très cosy, cette demeure n'a sa pareille nulle part ailleurs.

L'équipe de cuisiniers expérimentés et compétents font du confortable restaurant, dans lequel les revêtements muraux de bois authentiques, les vitraux et les fresques peintes à la main sont remarquables, un endroit de plaisirs culinaires. Les nombreux plats régionaux, délicieux, imaginatifs et orientés au marché saisonnier qu'ils préparent émerveillent les papilles des clients.

HÔTEL ET AUBERGE DE L'ILLWALD
Familie Schwartz
Le Schnellenbuhl, F-67600 Sélestat
Tél. Hotel 00 33 (0) 3 90 / 56 11 40
Tél. Auberge 00 33 (0) 3 88 / 85 35 40
www.illwald.fr

GOURMET-PARADIES AN DER ILL
PARADIS DES GOURMETS AU BORD DE L'ILL

Im beschaulichen Illhäusern, am Ufer der Ill, empfängt die Auberge de l'Ill mit einmaligem Charme und aufrichtiger Gastlichkeit ihre Gäste.

Seit 1967 hat die ohne Unterbrechung von drei Sternen gekrönte Auberge de l'ill in der Feinschmeckerwelt ihren festen Platz. Die Großen der Welt reichen sich seitdem hier die Hand.

In nunmehr sechs Jahrzehnten wurden in der Auberge junge Menschen ausgebildet, die heute in der Kochwelt bedeutenden Namen tragen, unter anderen Eckart Witzigmann in München und Georges Vongerichten in New York.

Paul Haeberlin, eine Persönlichkeit der staatenverbindenden Kochelite, war nach dem zweiten Weltkrieg einer der ersten seines Berufstandes, die mit der Ausbildung deutscher Köche zur deutsch-französischen Freundschaft wesentlich beigetragen haben.

Dans la charmante commune d'Illhaeusern, sur les bords de l'Ill, L'Auberge de l'Ill accueille ses hôtes dans un cadre idyllique et hospitalier.

L'Auberge de l'Ill a conservé ses 3 étoiles sans interruption depuis 1967. C'est une institution dans le monde de la gastronomie de luxe. Les grands de ce monde la fréquentent. Des jeunes gens y sont formés depuis plus de six décennies et certains d'entre eux, comme Eckart Witzigmann à Munich et Georges Vongerichten à New York, se sont fait un nom dans le monde de la Haute Cuisine.

Paul Haeberlin, un des représentants de l'élite gastronomique internationale, a été le premier, après la seconde guerre mondiale, à former de jeunes cuisiniers allemands et à contribuer par cela à la réconciliation franco-allemande.

Marc Haeberlin führt seit 1976, in dritter Familiengeneration, dieses ästhetische Gourmet-Paradies am Ufer der Ill. Wie sein Vater widmet er sich der Haute Cuisine und der regionalen elsässischen Küche.

Sein Name wurde und ist genauso berühmt wie die seiner Lehrmeister Bocuse, Lenôtre und Troisgros.

Die Gasträume zeigen eine Symbiose von Tradition und Modernität mit äußerster Eleganz.

Der im japanischen Stil eingerichtete Rote Salon gibt dem Gast Gelegenheit, die langjährige bebilderte Familiengeschichte zu bestaunen. Das Restaurant mit seinen bodentiefen Fenstern gewährt den nahtlosen Blick in den traumhaften Garten und zur Ill und stellt die Logenplätze, um den Alltag in weite Ferne rücken zu lassen.

Comme son père et son grand-père avant lui, Marc Haeberlin dirige maintenant et depuis 1976 ce paradis de gourmets où il se consacre à la grande cuisine et à la cuisine régionale alsacienne. Son nom est devenu aussi prestigieux que ceux de ses maîtres, Bocuse, Lenôtre et Troisgros.

Le cadre luxueux de l'Auberge fait la symbiose entre tradition et modernité. Dans le Salon Rouge de style japonais, les portraits des membres de la famille racontent leur histoire aux hôtes de ces lieux.

Les fenêtres du restaurant offrent une vue dégagée sur le jardin féerique et sur l'Ill. C'est l'endroit idéal pour rêver et oublier le quotidien.

TAUBENKOTELETTS MIT WIRSING UND TRÜFFELN
LES COTELETTES DE PIGEON AU CHOU ET AUX TRUFFE
Dieses Rezept finden Sie auf der Seite 200
Vous trouverez cette recette à la page 200

AUBERGE DE L'ILL
Famille Haeberlin
2 rue de Collonges, F-68970 Illhäusern
Tél. 00 33 (0) 3 89 / 71 89 00
www.aubergedelill.com

SINFONIE AUS DER NEUEN WELT
SYMPHONIE DU NOUVEAU MONDE

ROTER THUNFISCH IN GEPUFFTEM QUINOA UND MOHNBONBONS
THON ROUGE QUINOAS SOUFFLÉS ET BONBON AU PAVOT
Dieses Rezept finden Sie auf der Seite 195
Vous trouverez cette recette à la page 195

JY'S, ist ein elegantes Restaurant in „Klein-Venedig" am Ufer der Lauch.

In diesem charmanten, historischen Stadtviertel überrascht es um so mehr, Räumlichkeiten anzutreffen, die vom traditionellen elsässischen Stil weit entfernt sind. Die offene Küche, die kleinen Tische und die Chesterfield-Kanapees schaffen eine gesellige Atmosphäre und vermitteln dem Gast gleichzeitig den Eindruck eine „Neue Welt" zu entdecken, in der Jean-Yves Schillinger seit 10 Jahren waltet.

Meisterhaft versteht er es, Gäste mit seiner internationalen, zeitgemäßen und kreativen Küche, für die er mit einem Michelin Stern ausgezeichnet wurde, zu begeistern.

Seine Lehr- und Meisterjahre absolvierte er bei den großen Meistern der Gastronomie, wie zum Beispiel Robuchon. Danach verbrachte er einige Jahre in New York, wo er zwei Restaurants besaß und führte. Mit seinen New-Yorker Erfahrungen ist er in seine Heimat zurückgekehrt, aus ihnen schöpft er die genialen Ideen, die er in seine Kochkünste für JY'S einfließen lässt.

Le JY'S est un restaurant élégant et prestigieux sis au bord de la Lauch dans la Petite Venise.

Entièrement sous le charme de ce quartier historique, vous entrez et vous vous étonnez de trouver un intérieur très différent du style alsacien traditionnel. La cuisine ouverte, les petites tables et les canapés Chesterfield qui favorisent la convivialité vous ravissent et vous réalisez que êtes en train de faire la découverte d'un monde nouveau sur lequel Jean-Yves Schillinger règne depuis 10 ans déjà.

Ses clients viennent de très loin pour se faire chouchouter par lui qui sait si bien leur communiquer son enthousiasme pour sa cuisine internationale, contemporaine et créative qui lui a valu une étoile dans le guide Michelin.

Il a d'abord travaillé avec les plus grands maîtres de la gastronomie comme Robuchon par exemple. Puis, il y a eu les années passées à New York où il avait deux restaurants qu'il dirigeait lui-même. Il est rentré au pays natal avec son expérience new-yorkaise dont il tire aujourd'hui encore une partie de ses géniales inspirations culinaires.

RESTAURANT JY'S
17 rue de la Poissonnerie, F-68000 Colmar
Tél. 00 33 (0) 3 89 / 21 53 60
www.jean-yves-schillinger.com

ENTSPANNEN UND AUFATMEN
SE CHANGER L'ESPRIT ET REPRENDRE SOUFFLE

Im Schatten der Kathedrale versteckt sich dieses in seiner Art einmalige, sehr einladende Restaurant. Allein schon die von außen sichtbare Menükarte, wie gestochen mit schwarzer Tinte in Charakter-Handschrift geschrieben, lädt unwiderstehlich zum Besuch ein.

In den schlicht und stilvoll ausgestatteten Räumen, mit klassischer Musik im Hintergrund, erfährt derjenige, der für einen Augenblick die Hast der Stadt hinter sich lassen will, eine wohltuende Ruhe.

Es ist ein wahres Glück, in diesem „Tempel des guten Geschmacks“ von Yves Speeg Gast zu sein und sich von der charmanten Frau Speeg verwöhnen zu lassen.

Vor fünf Jahren hat sich das Ehepaar Speeg mit dem alten und schönen Haus seinen Wunsch nach individueller Gastlichkeit und exzellenter Küche verwirklicht.

Der Gast entdeckt hier eine vielfältige klassisch französische Küche, mit den besten Produkten zubereitet. Die Weinkarte gibt ihm die Möglichkeit, unter hervorragenden Weinen seine Auswahl zu treffen.

A l'ombre de la cathédrale, ce restaurant unique en son genre est très accueillant. Affichée à l'extérieur, la carte du restaurant écrite à l'encre et à la main en caractères parfaitement réguliers invite irrésistiblement à entrer.

De la salle de restaurant sobrement aménagée émane, sur un fond de musique classique, un calme bienfaisant pour celui qui veut, pour un moment, laisser derrière lui l'agitation de la ville.

C'est un vrai bonheur que de pénétrer dans le temple du bon goût de Monsieur Yves Speeg et de s'y laisser choyer par la charmante Madame Speeg

En choisissant cette vieille et belle maison, Monsieur et Madame Speeg ont réalisé il y a maintenant cinq ans l'idée originale qu'ils se font de l'hospitalité et de la bonne cuisine.

L'hôte découvre chez eux une grande diversité de plats français classiques, préparés avec des produits de qualité. Et la carte des vins lui donne la possibilité de choisir parmi des vins des plus prestigieux.

RESTAURANT DU MARCHÉ
Yves Speeg
20 place de la Cathédrale, F-68000 Colmar
Tél. 00 33 (0) 3 89 / 41 58 20

IDYLLE IN PETITE VENISE
IDYLLE À LA PETITE VENISE

LAMMKARREE AUS DEM QUERCY
CARRÉ D'AGNEAU FERMIER DU QUERCY
Dieses Rezept finden Sie auf der Seite 202
Vous trouverez cette recette à la page 203

Das weit über die Grenzen hinaus renommierte Vier-Sterne-Romantikhotel Le Maréchal trägt seinen Namen als Andenken an den prominenten Besucher Marschall de Turenne. Das Fachwerkhaus aus dem 16. Jahrhundert, am Ufer der Lauch gelegen, wird heute in der dritten Generation mit viel Herzblut von Alexander Bomo geführt.

In diesen historischen Mauern mit seinen komfortablen Zimmern und opulent ausgestatten Stuben lässt es sich wunderbar verweilen und genießen.

Seit 1998 überzeugt Küchenchef Thierry Chefdeville mit seiner elsässischen und französischen Küche und seinen kulinarischen Kreationen – ob traditionell oder dem Zeitgeist angepasst.

Ein erlebnisreicher Tag in der historischen Stadt Colmar findet hier seinen stilvollen Ausklang.

Le prestigieux hôtel romantique quatre étoiles « Le Maréchal » porte, bien au-delà des frontières, son nom en souvenir de son visiteur autrefois éminent, le maréchal de Turenne. La maison à colombages construite au XVIe siècle, située sur les rives de la Lauch, est aujourd'hui dirigée avec beaucoup de passion par Alexandre Bomo, de la troisième génération.

Dans ces murs historiques, avec des chambres confortables et des pièces somptueuses, l'on est invité à séjourner et à se détendre.

Depuis 1998, le chef cuisinier Thierry Chefdeville convainc avec sa cuisine française et alsacienne et ses créations culinaires, qu'elles soient traditionnelles ou dans l'air du temps.

Un endroit parfait pour terminer une journée bien remplie dans la ville historique de Colmar.

HOTEL
LE MARÉCHAL
4–6 place des Six Montagnes Noires
F-68000 Colmar
Tél. 00 33 (0) 3 89 / 41 60 32
www.le-marechal.com

Parmesan Reggiano
Les Vaches brunes
du Valserena
24 mois 3€50 100 gr
TORRONE SICILIANO CLASSICO
GLI SPEZIALI SENESI
PANFORTE MARGHERITA
salame felino
salame friulano
salame crespone
salame calabrese
salame tipo felino
salame finocchione
Pecorino Siciliano
Fontina
Montasio Frais

ITALIENISCHE PHILOSOPHIE IN COLMAR

LA PHILOSOPHIE ITALIENNE À COLMAR

Weine, Wurstwaren, Käse, Kaffees und Öle – ausnahmslos in allerbester Qualität – konkurrieren hier um die Gunst des Betrachters. Überdies stellt der Küchenchef hausgemachte Nudeln, Saucen und Konserven her, angelehnt an die Küche seiner Heimat Sardinien und die übernommenen Traditionen. Alles ist köstlich und alles kommt von jenseits der Alpen.

Seit einigen Jahren führen Alberto Bradi und seine Frau in Colmar, nahe der Kathedrale, ihr italienisches Feinkostgeschäft „Enopasta Bradi“. Ein Stück Italien mit viel Seele. Sachverständig empfiehlt der Signore seine Weine und Raritäten mit einer zuvorkommenden Herzlichkeit und Ehrlichkeit.

Als ehemaliger Sternekoch vertritt Alberto Bradi die Philosophie, sein Wissen sowie seine Talente anderen Küchenchefs, die die italienische Küche lieben, zur Verfügung zu stellen.

Seit Jahren ist das Feinkostgeschäft Enopasta Bradi die angesagte Adresse für alle, die sich einen Überblick über italienische Lebenskunst verschaffen möchten.

Des grands crus, la meilleure charcuterie, les meilleurs fromages, le meilleur café et les meilleures huiles se disputent l'attention du spectateur. En outre, le chef cuisinier confectionne des pâtes, des sauces et des conserves faites maison, inspirées de la cuisine de sa Sardaigne natale et des traditions empruntées. Tout y est succulent et tous les aliments proviennent de l'Italie.

Il y a quelques années, Alberto Bradi et son épouse ont lancé à Colmar, près de la cathédrale, leur épicerie fine italienne Enopasta Bradi. Un avant-goût de l'Italie avec beaucoup d'âme. Le Signore propose, avec beaucoup d'habileté, ses vins et ses raretés avec une amabilité et une sincérité prévenantes.

La philosophie de l'ancien chef étoilé Alberto Bradi est de mettre ses connaissances et ses talents à disposition d'autres cuisiniers qui revendiquent leur amour pour la cuisine italienne.

Depuis des années, l'épicerie fine d'Enopasta Bradi est l'adresse tendance pour ceux qui veulent un aperçu de la vie italienne.

EPICERIE FINE-TRAITEUR
ENOPASTA BRADI
Alberto Bradi
8 rue Étroite, F-68000 Colmar
Tél. 00 33 (0) 3 89 / 29 68 44
www.enopasta-bradi.net

LINZER
1.20€
FRAMBOISINE
1.20€
AMANDINE
1.20€
Sandwich

HANDWERK ALS BERUFUNG
„ÊTRE ARTISAN, C'EST UNE ATTITUDE"

Seit über vierzig Jahren ist Jean-Pierre Bechler in Colmar Bäckermeister aus Leidenschaft. Sein charismatisches und einnehmendes Wesen, seine direkte Art und seine Authentizität machen ihn ebenso unwiderstehlich wie seine Backwaren.

Das Familienunternehmen Bechler, 1956 vom Vater Armand Bechler gegründet, ist seither eine Institution, die die handwerkliche Tradition pflegt. Diese Haltung und die Leidenschaft für fachliches Können motivieren Jean-Pierre Bechler immer wieder. Als Präsident der Handwerkskammer in Colmar setzt er sich stets für die Belange der Handwerker ein.

Bechler bietet echt elsässische Erzeugnisse an, wie „Brie au Kirsch" oder „mythique biscuit", den er mit seinen bevorzugten Geschmacksnoten herstellt. Sein leckeres Berawecka, ein Früchtebrot nach altem Familienrezept, erinnert immer wieder an die Weihnachtszeit.

Er kreiert stets neue Köstlichkeiten, um den stetig wachsenden Ansprüchen seiner Kundschaft nachzukommen. Nach seinem Werdegang gefragt, antwortet er: „Die Liebe zum Handwerk und der Stolz Bäcker zu sein sind die Grundlage meines Erfolges."

Jean-Pierre Bechler, maître boulanger-pâtissier à Colmar, exerce son métier avec passion depuis plus de 40 ans. Charismatique et attachant, il a le verbe franc et son authenticité le rend aussi irrésistible que la marchandise qu'il propose.

Véritable institution colmarienne, la maison Bechler a été fondée en 1956 par Armand, le père de Jean-Pierre. L'entreprise familiale confectionne depuis lors des produits de premier choix dans le plus pur respect des méthodes artisanales. Cette attitude et cette passion du savoir-faire animent toujours Jean-Pierre qui milite d'ailleurs en faveur des artisans grâce à son statut de président de la Chambre des Métiers de Colmar.

La maison Bechler propose des produits authentiques issus du terroir alsacien tels que le Brie au Kirsch, mythique biscuit qu'il a créé en associant les saveurs qui lui tenaient à coeur, ou son fameux Berawecka, un pain aux fruits confits issu des arcanes familiales et qui incarne pour lui tout l'esprit de Noël. Jean-Pierre exerce également son art dans des créations nouvelles pour satisfaire une clientèle toujours plus exigente.

Lorsqu'on l'interroge sur son parcours, il a coutume de dire : « L'amour et la fierté de mon métier sont la base de ma réussite. »

BRIE AU KIRSCH
BRIE AU KIRSCH
Dieses Rezept finden Sie auf der Seite 204
Vous trouverez cette recette à la page 204

BOULANGERIE J.P. BECHLER
MAÎTRE BOULANGER PÂTISSIER
CHOCOLATIER GLACIER
Jean-Pierre Bechler
4 rue Charles Marie Widor
6 rue du Nord, F-68000 Colmar
Tél. 00 33 (0) 38 9 / 41 07 34

SPEZIALIST UND PURIST
SPÉCIALISTE ET PURISTE

Die Geschichte des Unternehmens Herrscher beginnt im Jahr 1955. Damals eröffnete Georges Herrscher in Colmar, an den Ufern von Klein-Venedig, seine Metzgerei. Durch die außergewöhnliche Qualität seiner Fleischprodukte wurde sein Name sehr schnell bekannt.

1972 trat Michel Herrscher in den väterlichen Betrieb ein und erweiterte mit seinem Vater das Familienunternehmen um den Catering-Service. Im Jahr 1991 baute Michel einen neuen Betrieb für die Zerlegung und Verarbeitung von Fleisch und eröffnete ein Restaurant, nur fünf Minuten vom Zentrum Colmar entfernt.

Trotz aller Modernisierung von Produktion und Technik arbeitet man in dem Unternehmen noch stets nach den Rezepten von Georges Herrscher. Mit seiner puristischen Fleisch-Philosophie sieht sich Michel Herrscher als Bewahrer der elsässischen Tradition. Seine Art der Verarbeitung von Wild ist quer durch Frankreich bekannt, die Sternerestaurants schenken ihm seit Jahren ihr Vertrauen. So ist das Unternehmen heute weit über das Elsass hinaus bekannt.

Aufgrund des Internet-Auftritts www.choucroute-alsace.com ist es möglich, Kunden in ganz Frankreich innerhalb von 48 Stunden zu beliefern.

L'histoire de la maison Herrscher débute en 1955, lorsque Georges Herrscher ouvre sa boucherie sur les berges de la Petite Venise à Colmar. Très vite, il se fait connaître par la qualité de ses viandes tendres et goûteuses.

En 1972 Michel, son fils, commence à travailler avec lui et ensemble, ils développent l'affaire familiale, notamment grâce à la partie traiteur. Michel Herrscher construit en 1991 un atelier de découpe et de transformation de viande ainsi qu'un restaurant à 5 minutes du centre de Colmar, donnant ainsi à son entreprise une dimension européenne.

Si les outils de production de cette PME se sont considérablement modernisés, les charcuteries sont toujours élaborées selon les recettes transmises par Georges.

En tant que puriste de la viande, Michel est exigeant sur la qualité de ses produits et défend ardemment la tradition alscacienne. Connu à travers l'hexagone pour le travail spécifique du gibier, de nombreux restaurants étoilés lui font confiance depuis des années.

Aujourd'hui, la réputation de la maison Herrscher est largement sortie des frontières alsaciennes grâce à son site internet : www.choucroute-alsace.com qui permet de livrer toute la France en 48 heures.

MICHEL HERRSCHER
PRODUCTION
BOUCHERIE-CHARCUTERIE-TRAITEUR
12 rue Emile Schwoerer, F-68015 Colmar
Tél. 00 33 (0) 3 89 / 20 42 70
www.herrscher.com

REZEPTE

HUMMERSALAT, GEBRATENE JAKOBSMUSCHELN UND ZWEIERLEI ENTENLEBER

Restaurant Jean-Victor Kalt, Seite 172

ZUTATEN FÜR 4 PERSONEN

2 ganze Hummer, 12 Jakobsmuscheln, 4 Medaillons von frischer Entenleber, 2 Scheiben Entenleberpastete, Fischsud, gemischter Salat, fertig angemacht, 1 Schuss Sherry-Essig, Olivenöl, geklärte Butter

ZUBEREITUNG

Die Hummer in einem Fischsud kochen, auskühlen lassen und aus der Schale nehmen und portionieren.
In einer angewärmten Pfanne Olivenöl und ausgelassene Butter geben.
Der Reihe nach die Jakobsmuscheln, Entenleberscheiben und zum Schluss den Hummer kurz anbraten, überschüssiges Fett abschütten, mit Sherry-Essig ablöschen.
Alles auf einem Teller mit dem angemachten Salat hübsch anrichten – dabei die Entenleberpastete nicht vergessen.

SALADE DE HOMARD, NOIX DE SAINT-JACQUES POÊLÉS AUX DEUX FOIES GRAS DE CANARD

Restaurant Jean-Victor Kalt page 172

INGRÉDIENTS POUR 4 PERSONNES

Salade mêlée assaisonnée, 2 homards entiers, 12 belles noix de Saint-Jacques sans corail, 4 médaillons de foie gras de canard frais, 2 tranches de foie gras de canard cuit, 1 trait de vinaigre de xérès, huile d'olive, beurre clarifié

PRÉPARATION

Cuire les homards vivants au court-bouillon, les décortiquer.
Chauffer une poêle avec un peu d'huile d'olive et de beurre clarifié. Y déposer en premier les noix de Saint-Jacques, puis les médaillons de foie gras de canard et en dernier les homards. Poêler le tout très rapidement, dégraisser puis déglacer au vinaigre de xérès.
Déposer le tout joliment sur l'assiette de salade assaisonnée sans oublier les tranches de foie gras de canard.

RECETTES

ROTER THUNFISCH IN GEPUFFTEM QUINOA UND MOHNBONBONS

Restaurant JY'S, Seite 182

ZUTATEN FÜR 4 PERSONEN

350 g roter Thunfisch, 4 Sushi vom roten Thunfisch, 100 g gerösteter Mohn, 100 g gepufftes Quinoa, 20 g Pfeffer von rosa Beeren, Piment d'Espelette, 1 Zwiebelgrün von einer neuen Zwiebel, Mehl zum Panieren, 1 Ei, 4 El Tomaten-Mayonnaise, Ketchup, Worcestershire-Sauce, Olivenöl und Sherry-Essig Salz, Pfeffer

ZUBEREITUNG

Aus dem roten Thunfisch 4 schöne lange Stücke schneiden, und sie nacheinander in Mehl, geschlagenem Ei und einer Mischung aus gepufftem Quinoa und rosa Pfeffer panieren.
In Olivenöl braten, so dass der Fisch innen rosa bleibt.
Die Abschnitte vom Thunfisch in kleine Würfel schneiden und mit Salz, Pfeffer, Ketchup, Worcestershire-Sauce, Olivenöl und Sherry-Essig würzen, die Masse zu 4 Kugeln formen und in geröstetem Mohn panieren.
Die Mayonnaise mit Piment d'Espelette nach Gefühl würzen und kreisförmig auf dem Teller anrichten, mit Stückchen von Zwiebelgrün bestreuen.
Um die Mayonnaise herum zwei Stücke von in Quinoa paniertem Thunfisch, eine Mohnkugel und ein Sushi vom roten Thunfisch legen.

THON ROUGE QUINOAS SOUFFLÉS ET BONBON AU PAVOT

Restaurant JY'S page 182

INGRÉDIENTS POUR 4 PERSONNES

350 g de thon rouge, 4 sushi de thon rouge, 100 g de pavot torréfié, 100 g de quinoas soufflés, 20 g de poivre de baies roses, pm de piment d'Espelette, 1 fane d'oignons nouveaux, farine, 1 œuf, 4 c.à.s. de mayonnaise à la tomate, ketchup, sauce anglaise, huile d'olive, vinaigre xérès, sel, poivre

PRÉPARATION

Taillez quatre beaux bâtonnets de thon rouge que l'on assaisonne et que l'on pane à l'aide de farine et de l'œuf battu dans un mélange de quinoas soufflés et de poivre de baies roses.
Au dernier moment, les rôtir dans l'huile d'olive en respectant la cuisson (rosé à cœur).
Coupez en petits dés les parures de thon puis assaisonnez de sel, poivre, ketchup, sauce anglaise, huile d'olive et vinaigre xérès.
Formez quatre belles boules que l'on pane dans le pavot préalablement torréfié.
Terminez la mayonnaise en l'assaisonnant avec du piment d'Espelette puis la dressez dans un cercle, parsemez de bâtonnets de fanes d'oignons, intercalez tout autour de la mayonnaise, deux morceaux de thon panés au quinoa, une boule au pavot et un sushi de thon rouge.

REZEPTE

ZANDERFILET GEGRILLT MIT STEINPILZEN, FRISCHE NUDELN, PINOT-NOIR-SAUCE

Hostellerie de La Charrue, Seite 174

ZUTATEN FÜR 4 PERSONEN

4 Zanderfilets à 220 g, 400 g frische Nudeln, 600 g Steinpilze, 500 ml Pinot Noir aus Ottrott, 500 ml Fischfond, 4 Schalotten, 1 Zehe Knoblauch, glatte Petersilie nach Geschmack, 100 g Butter, 20 ml Olivenöl zum Anbraten, Salz, Pfeffer

ZUBEREITUNG

Die Nudeln kochen und die Steinpilze putzen

Für die Pinot-Noir-Sauce 2 kleingeschnittene Schalotten roh in den Rotwein und den Fond geben, den Fond reduzieren, die Pinot-Noir Sauce mit der Butter montieren.

Die Steinpilze scharf anbraten, 2 fein gehackte Schalotten, Knoblauch und zum Schluss Petersilie dazugeben und würzen.

Den Zander auf jeder Seite (zuerst auf der Hautseite) 2 Minuten braten, würzen.

Auf sehr heißen Tellern anrichten.

FILET DE SANDRE GRILLÉ AUX CÈPES, NOUILLES, SAUCE PINOT NOIR

Hostellerie de La Charrue, page 174

INGRÉDIENTS POUR 4 PERSONNES

4 pavés de sandre frais de 220 g, 4 échalotes, 1 gousse d'ail et du persil plat, 400 g de nouilles fraîches, 600 g de cèpes, 50 cl de pinot noir rouge d'Ottrott, 50 cl de fumet de poisson, 100 g de beurre, 20 cl d'huile olive, sel et poivre

PRÉPARATION

Faire cuire les pâtes et nettoyer les cèpes.

Ajouter 2 échalotes ciselées dans le vin rouge et le fumet.

Faire réduire le vin rouge et le fumet, puis monter la sauce au beurre.

Saisir les cèpes, rajouter une persillade au dernier moment, assaisonner.

Poêler les pavés à l'huile d'olive 2 minutes sur chaque côté, côté peau en premier, assaisonner.

Dresser sur des assiettes bien chaudes.

RECETTES

SALAT VON FLUSSKREBSEN MIT SELLERIE-REMOULADE

Hostellerie de La Charrue, Seite 174

ZUTATEN FÜR 4 PERSONEN

1 Sellerie (ca. 400 g), 100 g Mayonnaise, 120 g geräucherter Wildschweinschinken, 40–50 lebende Flusskrebse, Salz, Pfeffer, Kerbel

ZUBEREITUNG

Die Krebse chartrieren (den Darm aus den Krustentieren ziehen) und im siedenden Wasser kochen. Die Krebse aus der Schale brechen und 4 Krebse mit Schale für die Dekoration aufheben.

Für die Sellerie-Remoulade den Sellerie fein reiben, mit der Mayonnaise, dem Salz, Pfeffer und Kerbel vermischen. Die Sellerie-Remoulade auf den Teller geben. Um herum den geräucherten Wildschweinschinken anrichten und die Flußkrebse dazu geben.

Je nach Saison kann man den Sellerie durch Spargel, grüne Bohnen oder eine Mischung aus Sprossen ersetzen.

SALADE D'ÉCREVISSES ET RÉMOULADE CÉLERI

Hostellerie de La Charrue, page 174

INGRÉDIENTS POUR 4 PERSONNES

1 céleri boule (400 g), 100 g de mayonnaise, 120 g de jambon fumé de sanglier, 40–50 écrevisses vivantes, sel, poivre, cerfeuil

PRÉPARATION

Châtrez les écrevisses et les faire cuire à l'eau bouillante. Les décortiquer et garder 4 écrevisses entières pour la décoration.

Préparer un céleri rémoulade : râpez le céleri et mélangez-le avec la mayonnaise. Ajoutez du sel, du poivre et du cerfeuil.

Dresser sur assiette avec le jambon fumé autour du céleri, ajoutez les queues d'écrevisses.

NB: selon la saison, vous pouvez remplacer le céleri par des asperges ou des haricots verts ou un beau mesclun de jeunes pousses.

REZEPTE

PÂTE À PÂTÉ

Auberge de l'Illwald, Seite 176

ZUTATEN

500 g Blätterteig (Fertigteig)

FARCE

300 g Kalbsnuss, 360 g Crème fraîche, 3 Eigelb, 80 g Butter, 1 El Champignonpulver, 100 g Pfifferlinge, 100 g Totentrompeten (Herbsttrompeten), 12 junge Steinpilze (ca. 5 cm Durchmesser), 1 Knoblauchzehe, Zweig Thymian, 1 EL glatte Petersilie, 8 Blätter Estragon, 1 Prise Kuminpulver, 50 ml Olivenöl, Salz, Pfeffer

ZUBEREITUNG

Für die Farce die Kalbsnuss parieren und in sehr kleine Würfel schneiden. Leicht salzen, pfeffern und mit Kumin würzen. Beiseite stellen.
Die Crème fraîche mit den Champignonpulver zum Kochen bringen, die Hitze reduzieren und kalt stellen.
Steinpilze, Pfifferlinge und Totentrompeten säubern. In einer Pfanne Olivenöl erhitzen und die Pfifferlinge und Steinpilze mit dem fein gehackten Knoblauch und Thymian anbraten. Kalt stellen.Die Totentrompeten in Olivenöl anbraten, salzen und 2 bis 3 Minuten zugedeckt braten.
Die Pilze abtropfen lassen und beiseite stellen.

In einem kalten Gefäß mit einem Mixer das gut gekühlte Kalbfleisch fein zu einer Paste mixen. Nach und nach die Crème mit den gemahlenen Champignons, Eigelb und zum Schluss die weiche Butter untermischen und würzen. Die Farce kalt stellen.
Den Backofen auf 200 °C vorheizen.
Mit einer Rolle den Blätterteig 4 Millimeter dick zu einem Rechteck von 45 x 25 Zentimeter auswellen, den Rest des Teiges aufheben.
Eine Backform ausbuttern, mit Backpapier auslegen, mit dem Teig belegen, den Rand etwas überstehen lassen.
Unter die Farce die gehackten Kräuter, die Totentrompeten und die Pfifferlinge mischen und die Füllung auftragen. Auf die Mitte der Farce die Steinpilze geben, den Rest der Farce darauf verteilen. Mit Blätterteig bedecken und Eigelb bestreichen. Darauf ein Rechteck von Blätterteig setzen und mit Eigelb bestreichen. Mit einem Messerrücken den Teig einritzen und verzieren und drei Löcher in den Teig einarbeiten, damit der Dampf beim Backen entweichen kann. Im Backofen 10 Minuten bei 200 °C backen, danach die Hitze auf 180 °C reduzieren und weitere 30 bis 35 Minuten backen.

RECETTES

PÂTE À PÂTÉ

Auberge de l'Illwald, page 176

INGRÉDIENTS

500 g de pâte feuilletée

POUR LA FARCE

300 g de noix de veau, 36 cl de crème fraiche, 3 jaunes d'oeufs, 80 g de beurre, 1 c.à.s. pleine de poudre de champignons, 100 g de girolles, 100 g de trompettes-de-la-mort, 12 cèpes bouchons (de 5 cm de diamètre environ), 1 gousse d'ail, 1 brindille de thym, 1 c.à.s.de persil plat, 8 feuilles d'estragon, 1 pincée de cumin en poudre, 5 cl d'huile d'olive, sel, poivre

PRÉPARATION

Pour la farce, dénervez et taillez la noix de veau en tous petits dés. Salez légèrement, poivrez et saupoudrez de cumin en poudre. Réservez.

Faites bouillir la crème avec la poudre de cèpes, retirez du feu et réservez au frais.

Nettoyez les cèpes, les girolles et les craterelles.

Faites chauffer l'huile d'olive dans une poêle, saissez les girolles et les cèpes bouchons avec la gousse d'ail et le thym. Réservez au frais.

Faites de même avec les trompettes-de-la-mort, salez et faites cuire 2 à 3 minutes à couvert.

Egouttez les champignons et réservez-les au frais. Dans le bol bien froid d'un mixeur, disposez les morceaux de viande de veau, mixez jusqu'à ce que vous obteniez une pommade.

Petit à petit, ajoutez la crème parfumée à la poudre de champignons, puis les 3 jaunes d'oeufs.

Finissez la farce mousseline en ajoutant le beurre en pommade, vérifiez l'assaisonnement. La farce doit être lisse et brillante. Vous obtiendrez un bon résultat si la viande est bien froide au début de l'opération. Réservez la farce au frais.

Préchauffez le four à 200 °C. A l'aide d'un rouleau, étalez la pâte feuilletée sur une épaisseur de 4 mm de façon à obtenir un rectangle de 45 cm de long sur 25 cm de large, gardez le reste de la pâte.

Beurrez un moule, tapissez-le d'un papier sulfurisé comme pour un cake; puis tapissez-le avec la pâte feuilletée de façon à ce qu'elle déborde un peu.

A la farce, ajoutez les herbes hachées, les trompettes-de-la-mort et les girolles. Remplissez le fond du moule de cette préparation. Disposez au centre les cèpes parés bien serrés les uns contre les autres, finissez de remplir la terrine de farce. Recouvrez avec la pâte feuilletée de façon à ce que les bords se rejoignent au centre de la terrine. Dorez la pâte. Recouvrez toute la face supérieure d'un rectangle de pâte et dorez à nouveau.

Pour décorer, incisez avec le dos d'un couteau la surface de la pâte, n'oubliez pas de faire trois trous pour laisser échapper la vapeur de cuisson.

Enfournez à 200 °C pendant 10 minutes, puis 30 à 35 minutes à four plus doux 180 °C.

REZEPTE

TAUBENKOTELETTS MIT WIRSING UND TRÜFFELN

Auberge de l'Ill, Seite 178

ZUTATEN FÜR 4 PERSONEN

4 Taubenbrüste (ohne Knochen), 4 Taubenkeulen, 2 TL Cognac, 2 EL Portwein, 250 ml Geflügelfond, 12 Wirsingblätter, 80 g Gänsestopfleber, 4 Trüffelscheiben, 180 g Schweinenetz, 1 EL Erdnussöl, Salz, Pfeffer

FARCE

100 g Geflügelfleisch, 50 g Schweinekamm entbeint, 100 g fetter Speck, 20 g Gänsestopfleber, 50 g Geflügelleber, 1 Ei, 1 EL Portwein, 1 EL Cognac, 1 EL Trüffelsaft von eingelegten Trüffeln, Salz, Pfeffer

ZUBEREITUNG

Die Taubenbrüste in einen tiefen Teller legen und mit Cognac und Portwein beträufeln. Salzen, pfeffern und 20 Minuten durchziehen lassen.

Den Geflügelfond in einer Bratpfanne zum Kochen bringen und die Taubenkeulen zugeben. Zugedeckt 10 Minuten bei niedriger Hitze schmoren, dann abkühlen lassen.

Für die Farce Geflügel- und Schweinefleisch, Speck und die geputzten Lebern durch den Fleischwolf drehen. Portwein, Cognac, Trüffelsaft, Ei, Salz und Pfeffer zugeben und alles gut vermischen.

Den Backofen auf 210 °C vorheizen.

Eine ofenfeste Form, die für die vier Taubenbrüste gerade groß genug ist, leicht einfetten.

Das Schweinenetz in reichlich kaltem Wasser einweichen, dann in vier Stücke teilen.

Die Wirsingblätter in kochendem Salzwasser 2 Minuten blanchieren, dann in eiskaltem Wasser abschrecken und trocken tupfen.

Die Koteletts herstellen: Jede Keule mit einem Stück Stopfleber belegen und darauf eine Trüffelscheibe setzen. Nun das Ganze mit der Taubenbrust umwickeln, anschließend in ein Wirsingblatt einschlagen und mit der Farce bestreichen. Die so entstandenen Koteletts je in ein Schweinenetz einschlagen. Die Koteletts in die gefettete Form setzen und 13 Minuten im Ofen garen. Den Ofen ausschalten und die Koteletts noch 10 Minuten darin ruhen lassen.

Die Taubenkoteletts heiß mit Trüffelsauce servieren. Den Wirsing in feine Streifen schneiden, in Butter dünsten und als Beilage reichen.

LES COTELETTES DE PIGEON AU CHOU ET AUX TRUFFES

Auberge de l'Ill, page 178

INGRÉDIENTS POUR 4 PERSONNES

4 suprêmes de pigeon désossés, 4 cuisses de pigeonneau, 2 cuillères à café de cognac, 2 cuillères à soupe de porto, 25 cl de fond de volaille, 12 feuilles de chou vert frisé, 80 g de foie gras, 4 lamelles de truffe, 180 g de crépine de porc, 1 cuillère à soupe d'huile d'arachide, sel, poivre

POUR LA FARCE

100 g de chair de volaille, 50 g d'échine de porc désossée, 100 g de lard gras, 20 g de foie gras, 50 g de foie de volaille, 1 oeuf, 1 cuillère à soupe de cognac, 1 cuillère à soupe de porto, 1 cuillère à soupe de jus de truffe, sel, poivre

PRÉPARATION

Mettez les suprêmes dans une assiette, ajoutez le cognac, et le porto. Salez, poivrez et laissez macérer 20 minutes.

Versez le fond de volaille dans une sauteuse, portez à ébullition et ajoutez les cuisses de pigeon. Laissez-les mijoter 10 minutes à couvert puis laissez-les refroidir.

Préparez la farce : passez les viandes, le lard et les foies nettoyés au hachoir à viande. Ajoutez les alcools, le jus de truffe, l'œuf, du sel et du poivre. Mélangez bien.

Allumez le four à 210 °C (thermostat 6). Huilez légèrement un plat à four pouvant juste contenir les suprêmes.

Faites tremper la crépine de porc dans de l'eau froide.
Faites blanchir 2 minutes les feuilles de chou à l'eau bouillante salée, puis rafraîchissez-les et épongez-les.
Montez les côtelettes : enrobez chaque cuisse de foie gras, posez dessus une lamelle de truffe et entourez la préparation du suprême. Enrobez chaque côtelette ainsi garnie d'une feuille de chou puis de farce. Serrez la côtelette ainsi formée dans un morceau de crépine. Posez les côtelettes dans le plat huilé et glissez dans le four chaud. Laissez cuire 13 minutes puis éteignez le four et laissez-y reposer les côtelettes 10 minutes.
Servez chaud entouré d'une sauce Périgueux et d'une fondue de chou vert ciselé, puis étuvé au beurre.

REZEPTE

LAMMKARREE AUS DEM QUERCY

Hotel Le Maréchal, Seite 186

ZUTATEN FÜR 4 PERSONEN

1 Karree mit 13 Koteletts, 100 ml Kalbsfond, 1/2 Topf frische Minze, 50 ml Trüffeljus, Salz, Pfeffer

SAMOSAS

1 Lammschulter, 1 Zwiebel, 2 Zehen Knoblauch, Thymian, 1 Lorbeerblatt, 1 Paket Blätterteig (Filoteig), 100 g Grieß, 25 g Butter, 5 Datteln ohne Kern, Olivenöl, 1/2 Topf Minze, 50 g geröstete Pinienkerne, 1 Kartoffel, Salz, Pfeffer

ZUBEREITUNG

Das Karree auslösen und das Fett entfernen. Rippchen abschälen und beiseite stellen, kühlen.

Die Lammschulter von allen Seiten anbraten, mit Salz und Pfeffer würzen. Mit einer dünn geschnittenen Zwiebel, dem zerdrückten Knoblauch, Thymian und Lorbeerblatt vakuumieren.

Im Dampf-Garer bei 62 °C 5 Stunden garen.

Für die Füllung der Samosas den Grieß in 110 Milliliter siedendem Salzwasser (12 g Salz auf 1 Liter Wasser) quellen lassen. Mit Folie abdecken.

Die Datteln in kleine Stücke schneiden und dem Grieß beimengen, 6 Blätter Minze fein geschnitten, einen Esslöffel Olivenöl und 25 Gramm Butter dazugeben.

Die Lammschulter zerteilen, in kleine Stücke schneiden und zum Grieß und den Pinienkernen dazugeben, nochmals abschmecken und würzen.

Den Blätterteig in 8 Stücke teilen, die Füllung darauf verteilen, und die Blätterteigstücke zu dreieckigen Teigtaschen Samosas formen.

Den Kalbsfond reduzieren, zerkleinerte Minze und Trüffel-Saft dazugeben.

Die Kartoffeln spiralförmig abschälen und einige Minuten in die Friteuse geben.

Das Karree in einer Pfanne anbraten, bei 160 °C in den Backofen geben und bis zu einer Kerntemperatur von 45 °C garen.

Die Samosas in Olivenöl bräunen.

ANRICHTEN

Das Karree in 4 Portionen schneiden, mit den Samosas, den Kartoffel-Spiralen anrichten und den Kalbsfond mit Trüffel und Minze darüber geben.

RECETTES

CARRÉ D'AGNEAU FERMIER DU QUERCY

Hotel Le Maréchal, page 186

INGRÉDIENTS POUR 4 PERSONNES

POUR L'AGNEAU FERMIER DU QUERCY

1 Carré 13 côtes, 10 cl de jus de veau, 1/2 botte de menthe fraîche, 5 cl de jus de truffes, sel et poivre

POUR LES SAMOSSAS

1 paquet de pâte à filo, 100 g de beurre fondu, 5 pièces de dattes dénoyautées, 100 g de semoule, 1 épaule d'agneau, 2 cl d'huile d'olive, 1/2 botte de menthe, 50 g de pignons de pin grillé, 2 gousses d'ail, thym, 1 oignon, 1 pommes de terre, 1 feuille de laurier, Sel et poivre

PRÉPARATION

Désosser et dégraisser le carré d'agneau. Manchonner les côtes et réserver au frais.

Épaules : colorer l'épaule de chaque côte, assaisonner avec du sel et du poivre. Mettre sous vide avec l'oignon, émincer 2 gousses d'ail écrasées avec du thym et incorporer la feuille de laurier. Cuire le tout à la vapeur à 62°C pendant 5 heures.

Semoule à la Menthe et Dattes : Pour la farce, faire gonfler la semoule avec 11 cl d'eau bouillante salé (dosage 12 g de sel pour 1 litre d'eau). Couvrir avec du film.

Tailler les dattes en fines brunoise et les ajouter à la semoule, y incorporer 6 feuilles de menthe très finement ciselées avec une cuillère à soupe d'huile d'olive et 25 g de beurre.

Effilocher l'épaule d'agneau, la tailler en brunoise et l'ajouter à la semoule avec les pignons de pins grillés, rectifier l'assaisonnement.

Coupez la pâte de filo en 8 morceaux, répartissez la farce dessus et formez des samosas. Réaliser des samossas (2 par personne).

Jus de veau truffes et menthe : réduire le jus de veau, ajouter la menthe ciselée et le jus de truffes. Réserver.

A l'aide d'un emporte pièce ou d'un tube, réaliser des tortillons de pommes de terre et passer à la friteuse quelques instants.

Mettre le carré en cuisson : Colorer la poêle et mettre au four à 160° C et cuire à cœur 45 °C.

Colorer les samossas à l'huile d'olive.

Détailler le carré en 4 portions, dresser avec les samossas et les tortillons de pommes de terre, verser le jus et servir aussitôt.

REZEPTE

BRIE AU KIRSCH

Boulangerie J.P. Bechler, Seite 190

ZUTATEN FÜR 8 PERSONEN

MASSE À JAPONAIS

(MERINGUE MIT HASELNÜSSEN UND MANDELN)

60 g Eiweiß, 90 g gemahlene Mandeln und Haselnüsse, 60 g Zucker, 12 g Mehl

BISKUITBODEN

6 Eier, 180 g Zucker, 180 g Mehl, 30 g Butter, zerlassen

SCHAUMMASSE (MOUSSELINE)

50 g aufgeschlagene Butter, 300 g Pâtisserie-Creme

PÂTISSERIE-CREME

200 g Milch, 60 g Zucker, 1 Eigelb, 20 g Stärke

ZUBEREITUNG

Für die Meringue die Mandeln und Haselnüsse mit dem steif geschlagenen Eiweiß und Zucker vermischen, das Mehl unterheben. 2 Böden zu je 20 Zentimeter Durchmesser damit herstellen, die Böden in zwei Backformen bei 180 °C Umluft etwa 30 Minuten backen.

Für den Biskuitboden mit einer Rührmaschine das Eiweiß zu Schnee schlagen. Mehl darunter heben und zum Schluss die Butter hinzufügen. In einer Springform bei 180 °C 25 Minuten backen. Für die Patisserie-Creme die Milch zum Kochen bringen, die übrigen Zutaten in die Milch geben und vermischen, erkalten lassen.

Einen Meringueboden auf einen Teller legen, darauf eine erste Schicht der Mousseline auftragen. Den mit etwas Kirschwasser beträufelten Biskuitboden daraufsetzen, eine zweite Schicht Mousseline auf dem Biskuit verstreichen und darauf wiederum den zweiten Meringueboden setzen. Abschließend den Kuchen mit gemahlenen und durch ein Sieb passierten Biskuitbrösel-Resten umkleiden.

BRIE AU KIRSCH

Boulangerie J.P. Bechler, page 190

INGRÉDIENTS POUR 8 PERSONNES

MASSE À JAPONAIS

(MERINGUE AVEC POUDRE D'AMANDES ET NOISETTES)

60 g de blanc d'oeuf (monté en neige), 60 g de sucre (à mélanger au blanc monté), 12 g de farine, 90 g de poudre d'amandes et noisettes (moitié de chaque)

GÉNOISE POUR 1 BISCUIT

6 oeufs, 180 g de sucre, 180 g de farine, 30 g de beurre fondu

MOUSSELINE

50 g de beurre mousseux, 300 g de crème pâtissière

CRÈME PÂTISSIÈRE

20 cl de lait, 60 g de sucre, 1 jaune d'œuf, 20 g de fécule

PRÉPARATION

Pour la masse à japonais, mélangez les poudres d'amandes et de noisettes avec le blanc d'oeuf monté en neige et le sucre ainsi que 12 grammes de farine. Formez 2 fonds de 20 centimètres. Faire cuire à 180 °C (chaleur tournante) pendant 30 minutes.

Pur la génoise, blanchir les œufs et le sucre à l'aide d'un mixeur. Ajouter la farine et pour finir le beurre. Faire cuire à 180 °C pendant 25 minutes.

Crème pâtisserie : portez le lait à ébullition. Mélangez le tout dans le lait. Laissez refroidir la crème pâtissière.

Mettez le premier disque de meringue aux noisettes sur un plat. Etalez dessus la première couche de crème mousseline. Posez le fond de biscuits imbibé au Kirsch.

Etalez dessus la deuxième couche de crème mousseline. Couvrez avec le deuxième disque de meringue aux noisettes. Pour finir, enrober le gâteau des miettes de biscuit moulues et passées au tamis.

TURCKHEIM

DAS MUNSTER TOR
LA PORTE DE MUNSTER

SÜDELSASS UND SÜDLICHE VOGESEN

Im Süden wird es gemächlicher und ruhiger. Hinter Colmar beginnt die verträumte südelsässische Provinz. Hier an der südlichen Weinstraße verteilt sich der große Touristen-Ansturm auf die wenigen bekannten Weinorte wie Eguisheim, Guebwiller, Rouffach, Soultz, Soultzmatt und Orschwihr.

Dabei gibt es gerade in diesem Teil des Elsass viele anmutige kleine Orte, die sich mit ihrer Geschichte und ihrem authentischen Dorfgefüge stolz in traumhafter Lage präsentieren. Dazu gehören insbesondere Turckheim, Lautenbach, Murbach und Thierenbach.

Im mittelalterlichen Turckheim mit seinen drei Stadttoren lässt auch heute noch der Nachtwächter im alemannischen Dialekt seinen Ruf erschallen, wie dies seine Vorgänger seit 1540 getan haben.

Das beschauliche Örtchen Lautenbach ist bekannt wegen seiner romanischen Kirche und Jean Egens 1984 erschienenem Roman „Die Linden von Lautenbach".

Murbach, eingebettet in einem bewaldeten Seitental der Lauch, prunkt mit seiner Klosterkirche, einem der großartigsten romanischen Bauwerke des Elsass.

Der Marien-Wallfahrtort Thierenbach, von Wiesen und Wäldern umgeben, zählt zu den ältesten Wallfahrtsorten des Elsass.

Die Südvogesen beeindrucken mit reizvollen Tälern wie dem Munstertal und der Vogesenkammstraße (Route des Crêtes). Diese zieht sich auf einer Höhe von 1200 m über 70 km hin. Sie ist eine der bekanntesten Panoramastraßen Europas.

Von ihr führen die Wege zu den unvergleichlichen Vogesenseen, wie dem Lac Vert, Lac Forlet, Lac Noir und Lac Blanc und auch zu dem Lac du Ballon etwas weiter südlich.

Die Wintersportgebiete Markstein, Hohneck und Grand Ballon sowie traumhafte Wanderwege lassen vergessen, dass die Kammstraße im ersten Weltkrieg als Militärstraße gebaut wurde.

LA RÉGION ALSACE SUD ET LES VOSGES DU SUD

Le Sud est plus calme, plus serein. La romantique Alsace du Sud commence juste après Colmar et, sur la route du vin septentrionale, le flot des touristes se répartit dans seulement quelques villages viticoles comme Eguisheim, Guebwiller, Rouffach, Soultz et Soultzmatt et Orschwihr. Il y a cependant dans cette partie de l'Alsace de nombreuses petites localités qui peuvent être fières de leur histoire, de leur caractère authentique et de leur cadre idyllique. C'est le cas en particulier de Turckheim, Lautenbach, Murbach et Thierenbach.

De son passé moyenâgeux, Turckheim a conservé non seulement trois portes d'accès à la ville mais aussi son veilleur de nuit. Celui-ci, comme ses prédécesseurs avant lui depuis 1540, fait sa ronde de nuit et demande en langue alémanique aux Turckheimois d'éteindre leurs chandelles avant d'aller dormir.

La paisible commune de Lautenbach est célèbre pour son église romane et le récit autobiographique de Jean Egen « Les tilleuls de Lautenbach » paru en 1984.

Nichée dans une vallée boisée de la Lauch, la petite ville de Murbach s'enorgueillit de son église abbatiale qui est un des plus beaux monuments romans d'Alsace.

Entouré de prairies et de forêts, Thierenbach est un lieu de pèlerinage du culte marial qui compte parmi les plus anciens d'Alsace.

Les Vosges du Sud séduisent par leurs magnifiques vallées comme la vallée de Munster et par la Route des Crêtes qui s'étend sur plus de 70 kilomètres à une altitude de 1200 mètres. C'est la route panoramique la plus connue d'Europe à partir de laquelle on accède aux incomparables lacs vosgiens comme le Lac Vert, le Lac Forlet, le Lac Noir, le Lac Blanc et le Lac du Ballon qui se trouve un peu plus au Sud.

Les stations de sports d'hiver du Markstein, de la Bresse Hohneck et du Grand Ballon ainsi que les romantiques sentiers de randonnée font oublier que la Route des Crêtes a été construite à des fins militaires pendant la première Guerre Mondiale.

HERBSTLICHER INNENHOF IN TURCKHEIM
COUR INTÉRIEURE EN AUTOMNE À MUNSTER

FEINE PÂTISSERIE IN MUNSTER
PÂTISSERIE FINE À MUNSTER

In den Vogesen, im Tal der Fecht, liegt beschaulich die Stadt Munster mit ihrem stattlichen Renaissancerathaus und dem Löwenbrunnen aus dem Jahre 1576. Wer hier nach Gaumenfreuden sucht, wird in der Grand'Rue 11 fündig. Markant präsentiert sich in dem malerischen Haus die Patisserie Gilg in stilvoll modernem Ambiente, das die Handschrift des Schweizer Architekten Michel Fouquet trägt.

Im Jahr 2000 hat Thierry Gilg das 1936 von seinem Großvater gegründete Unternehmen übernommen und führt zusammen mit seiner Frau Virginie die Familientradition fort.

Bei den großen Pâtissiers wie Gérard Bannwarth in Mulhouse und Pierre Hermé (Fauchon) hat er gelernt. 1990 wurde er bei dem Wettbewerb in Lissabon als bester junger Pâtissier ausgezeichnet. Sein Können, seine Inspiration und Sensibilität spiegeln sich in der Vielfalt der Delikatessen, wahren Kunstwerken, wider. Hier findet man die ganze Bandbreite der Pâtissierkunst – 50erlei Schokoladen, traditionelle Pralinen, viele Sorten Eis mit individuellen Geschmacksnuancen, aber auch Quiches, Tourtes, Brezeln und die köstliche Foie Gras.

Si vous vous promenez près du splendide Hôtel de Ville de la paisible ville de Munster, le chemin à parcourir pour arriver au 11 de la Grand-rue n'est pas long. C'est là qu'est installée, dans une jolie maison peinte en trompe-l'œil, la célèbre Pâtisserie Gilg où se trouvent les plus succulentes gourmandises. Vous y entrerez et vous serez séduit par le cadre de style contemporain créé par l'architecte suisse Michel Fouquet.

Thierry Gilg a repris en l'an 2000 l'entreprise fondée par son grand- père en 1936 et il la dirige depuis lors avec sa femme Virginie dans le respect de la tradition familiale. Il a appris son métier chez les plus grands Pâtissiers de France comme Gérard Bannwarth à Mulhouse et Pierre Hermé de la maison Fauchon. En 1990, il a remporté à Lisbonne le concours du meilleur pâtissier. Son savoir-faire, sa créativité et sa sensibilité donnent le jour à de divines gourmandises, à de vraies œuvres d'art. Le choix de merveilles est très grand. Il y a une cinquantaine de sortes de chocolat, des pralinés traditionnels, des glaces aux parfums individualisés et bien d'autres choses encore aux noms prometteurs. N'oubliez pas de goûter les quiches, les tourtes, les bredele et le foie gras, tout est délicieux.

PÂTISSERIE GILG
Thierry Gilg
Membre « Relais Dessert Internationale »
11 Grand'Rue, F-68140 Munster
Tél. 00 33 (0) 389 / 77 37 36
www.patisserie-gilg.fr

MUSSE UND GAUMENFREUDEN
LOISIRS ET PLAISIRS

Wie eine kleine Burg thront das Anwesen in privilegierter Lage am sonnigen Südhang des Münstertals und bietet einen grandiosen Ausblick über das Tal auf die elsässischen Vogesen.

Es ist ein idealer Ausgangspunkt zum Wandern und Skifahren in der umliegenden Berglandschaft. Feriengäste finden hier ein breites Spektrum an Möglichkeiten, den Tag zu gestalten und der Gourmet kann die kulinarischen Angebote aus Küche und Keller in vollen Zügen genießen.

Denn Küchenchef Ernest Benz, dessen Lehr- und Wanderjahre ihn ausschließlich zu den renommiertesten Sterneköche führten, wie Emile Jung, Alain Chapel, bis hin zu Alain Ducasse, serviert sowohl die heimische als auch die große klassischfranzösische Küche auf hohem Niveau. Ob elsässische Kochtradition oder elegante Leichtigkeit der Haute Cuisine, dem Gast bleibt ein unvergeßliches Erlebnis.

Dieses sehr persönlich geführte Familienhotel verfügt über individuell eingerichtete Komfortzimmer sowie einen attraktiv ausgestatteten Spa-Bereich.

Tel un petit château, la propriété jouit d'une situation privilégiée sur le versant sud ensoleillé de la vallée de Munster et offre une vue fantastique sur la vallée de Munster, dans les Vosges d'Alsace.

C'est un point de départ idéal pour les randonnées et les descentes à ski dans les paysages montagneux environnants. Les touristes y découvrent un large éventail de possibilités pour occuper leur journée.

L'amateur de cuisine gastronomique peut assurément se réjouir de l'offre culinaire de la cuisine et de la cave à vins. En effet, le chef cuisinier Ernest Benz, dont les centres de formation et de randonnées l'ont exclusivement mené aux chefs étoilés les plus célèbres, tels que Emile Jung, Alain Chapel ou Alain Ducasse, sert aussi bien de la cuisine locale que de la grande cuisine française classique à un niveau de qualité élevé.

Qu'il s'agisse de traditions culinaires alsaciennes ou de subtilités raffinées de la grande cuisine, le client vivra une expérience inoubliable.

Cet hôtel familial géré de façon très personnelle dispose de chambres de luxe aménagées individuellement et d'un espace spa avec des équipements attrayants.

KARTOFFELSALAT, GERÄUCHERTE FORELLE UND EMULSION VON MUNSTERKÄSE
SALADE DE POMME DE TERRE, FILET DE TRUITE FUMÉ ET EMULSION AU MUNSTER
Dieses Rezept finden Sie auf der Seite 238
Vous trouverez cette recette à la page 239

HOTEL RESTAURANT
PERLE DES VOSGES
Ernest & André Benz
Vallée de Munster, F-68380 Muhlbach
Tél. 00 33 (0) 3 89 / 77 61 34
www.perledesvosges.net

FERMES-AUBERGES

Mit ihren Almwirtschaften und Kuhweiden sind die Höhenlagen der Vogesen ein Paradies für Wanderer. Seit Ende des 19. Jahrhunderts existieren die heutigen Fermes-Auberges, deren Geschichte bis in das neunte Jahrhundert reicht, wo sich auf den Hochweiden die Vogesenbauern angesiedelt hatten.

Jede der Almwirtschaften zeichnet sich durch individuelle Besonderheit aus, sei es die reizvolle Lage oder ihre Ursprünglichkeit in der Bergbauernküche.

Für denjenigen, der nach ursprünglichen Werten sucht, führt der Weg zu den traditionsreichen Fermes-Auberges mit familiärer Atmosphäre und deftigen Mahlzeiten.

Dort erwartet ihn eine handfeste Melkermahlzeit, deren Auftakt eine Terrine Suppe bildet. Als Hauptgang gibt es gekochtes Rindfleisch oder eine Fleischtorte mit Salat und rohgebratenen Kartoffeln.

Zum Nachtisch wird eine Obst-Tarte je nach Jahreszeit serviert oder ein mit Kirschwasser beträufelter Munsterkäse.

Die Rettung des Vogesenrinds

Das Vogesenrind, eine alte und kluge Bergrasse mit auffälliger weißer Bänderung an Bauch und Rücken, wäre fast ausgestorben, da es im Wettbewerb der Hochleistungsmilchkühe nicht mithalten konnte.

Jean Wehrey, Landwirt und Viehzüchter aus Breitenbach kämpfte in seiner Eigenschaft als Präsident der Züchtervereinigung darum, diese seltenen Schönheiten vor dem Aussterben zu bewahren. Der Erfolg war ihm sicher. Heute zählt diese Rasse wieder 11 000 schöne Vogesenrinder.

Avec leurs alpages et leurs pâturages, les plus hauts sommets des Vosges sont un paradis pour randonneurs.

Dans cette idylle, les traditionnelles fermes auberges séduisent par leur cadre architectural authentique, leur atmosphère conviviale et leur bonne cuisine du terroir.

Les fermes auberges existent sous leur forme actuelle depuis le XIXe siècle mais leur origine est beaucoup plus ancienne. En effet, elles sont le résultat de l'évolution des marcaireries où, dès le IXe siècle, les agriculteurs de montagne vosgiens prenaient leurs quartiers d'été.

Chacune de ces fermes auberges a ses particularités propres, que ce soit en raison de sa situation géographique ou de l'originalité de sa cuisine.

L'hôte y trouve immanquablement le traditionnel repas marcaire dont l'entrée est un potage aux légumes et le plat de résistance de la viande de bœuf bouillie accompagnée d'une salade et de pommes de terre cuites sous la cendre. Le dessert consiste en une tarte aux fruits de saison ou bien en munster frais au kirsch.

Sauvegarde de la vache Vosgienne

La vache Vosgienne est une race montagnarde reconnaissable à sa robe noire mouchetée de blanc et à ses bandes blanches sur le dos et le ventre. Pour des raisons de compétitivité avec d'autres races laitières, elle a bien failli disparaître. Jean Wehrey, producteur et éleveur de Breitenbach, a lutté en tant que Président du Herd Book Vosgien pour préserver cette belle vache de l'extinction et aujourd'hui, le cheptel compte dans les 11 000 bêtes.

PANORAMABLICK ÜBER DEM VOGESENKAMM
VUE PANORAMIQUE SUR LA CRÊTE DES VOSGES

In idyllischer Lage (910 m hoch), umgeben von Almwiesen und Wäldern, unweit der Seen Lac du Forlet und Lac de Noir empfangen Florence und Thierry Baumgart ihre Gäste in ihrem Restaurant Ferme Auberge Musmiss.

Dieses Fleckchen Erde dominiert den Col du Wettstein und bietet einen phantastischen Blick über das Munstertal und den Vogesenkamm.

1997 hat Thierry Baumgart das ehemalige Familienanwesen zu einer Ferme Auberge umgestaltet. Mit seiner großen Herde von Simmenthal- und Montbéliard-Rindern sorgt er in Eigenproduktion für Fleisch und Käse.

Das gemütliche Restaurant, traditionell und mit viel Liebe zum Detail ausgestattet, hat sich über die Landesgrenzen – bis nach Japan – einen Namen gemacht.

Die Küche von Thierry ist elsässisch, saisonal kreativ gestaltet, von der Melkersmahlzeit bis hin zu den Fleischschnaka und einer täglich wechselnden Gemüsesuppe. Florence, seine temperamentvolle, charmante Frau, kümmert sich liebevoll und perfekt um die Gäste. Der Leitspruch des Hausherrn ist: „Den Gast gut bedienen, und er kommt wieder."

Dans un cadre idyllique (910 mètres d'altitude) entouré de prairies et de forêts, à proximité du Lac du Forlet et du Lac Noir, Florence et Thierry Baumgart accueillent leurs clients dans leur restaurant « Ferme Auberge Musmiss ».

Cet endroit domine le Col du Wettstein et offre une vue imprenable sur la vallée de Munster et la Crête des Vosges.

Thierry Baumgart a réussi à transformer en 1997 l'ancien domaine familial en une ferme auberge. Grâce à un grand troupeau de bovins Simmenthal et Montbéliard, il assure sa propre production de viande et de fromages.

Un restaurant chaleureux, aménagé de façon traditionnelle avec l'amour du détail, qui s'est fait un nom au-delà des frontières nationales, jusqu'au Japon.

La cuisine de Thierry est alsacienne, saisonnière et créative, allant du menu marcaire aux fleischschnaka, servis avec une soupe de légumes qui change quotidiennement.

Florence, sa charmante femme dynamique, s'occupe chaleureusement des clients et comble tous leurs souhaits. Car la devise du propriétaire est la suivante : « Servir convenablement les clients et les voir revenir. »

FLEISCHTORTE AUS DEM MUNSTERTAL
TOURTE DE LA VALLÉE
Dieses Rezept finden Sie auf der Seite 240
Vous trouverez cette recette à la page 240

FERME-AUBERGE MUSMISS
Florence & Thierry Baumgart
68140 Soultzeren
Tél. 00 33 (0) 3 89 / 71 32 33

Buchwald
JEAN WEHREY
BUCHWALD
J
W

BEWAHRER ELSÄSSISCHER URSPRÜNGLICHKEIT
DÉFENSEUR DE L'AUTHENTICITÉ ALSACIENNE

In überwältigender Lage auf 1050 Metern Höhe, mit weitem Blick bis hin zum Schwarzwald, erwartet die Ferme Auberge Buchwald ihre Gäste aus Nah und Fern.

Die Gastgeber Dany, Michel und Mireille Wehrey führen diesen Familienbesitz, für den der Urgroßvater Matthieu in der benachbarten Hochalm 1927 den Grundstein gelegt hat, sehr erfolgreich fort.

Große Anerkennung verdient Jean Wehrey. Er hat sich nach dem zweiten Weltkrieg wie kein anderer um die Erhaltung des Vogesenrindes verdient gemacht. Fast vierzig Jahre war er der Präsident des Zuchtverbands dieser vom Aussterben bedrohten alten Haustierrasse.

Der Berg-Gasthof lässt es an gemütlicher Ausstattung nicht fehlen. Die holzvertäfelte Stube und die auf Hochglanz polierten Kuhglocken unter der Holzbalkendecke schaffen Gemütlichkeit und eine ganz besondere Alm-Idylle.

Dany Wehrey verwöhnt seine Gäste mit Köstlichkeiten aus eigener Herstellung, wie Fleisch, Wurst und Käse. Seine elsässische Küche ist vielseitig, deftig und delikat. Die Stammgäste aus der Region wie auch seine Gäste von weither wissen das zu schätzen.

Perchée à une altitude de 1050 mètres, là où la montagne et la forêt s'éclipsent pour permettre à la vue de s'étendre jusqu'à la Forêt Noire, la Ferme Auberge Buchwald attend ses hôtes qui viennent de près ou de loin.

Dany et Michel Wehrey dirigent cette propriété familiale dont leur arrière-grand-père Matthieu a posé la première pierre en 1927. Mireille, la charmante épouse de Michel, accueille les hôtes et assure le service.

Un hommage tout particulier doit être rendu à Jean Wehrey qui, après la seconde guerre mondiale, a lutté comme nul autre pour la défense de la vache vosgienne. Pendant presque 40 ans, il a été président du Herd Book Vosgien dont le but est de sauvegarder la belle race bovine Vosgienne reconnaissable à sa bande blanche couvrant son dos et son ventre.

L'auberge est très confortable. Les murs recouverts de panneaux de bois de la grande salle et les cloches de vache polies à blanc accrochées aux poutres du plafond procurent un sentiment de bien-être dans une atmosphère montagnarde.

Dany Wehrey se fait un plaisir d'offrir à ses hôtes de délicieux produits de sa propre fabrication que ce soit de la viande, de la charcuterie ou du fromage. Les habitués du coin ainsi que les clients venant de régions plus lointaines apprécient sa cuisine alsacienne variée, revigorante et délicate à la fois.

FERME-AUBERGE BUCHWALD
Familie Jean Wehrey
F-68380 Breitenbach
Tél. 00 33 (0) 3 89 / 77 37 08

VOSGES TROTTERS MULHOUSE
TOUR DU MARKSTEIN
1948
COURSE DE FOND 10 KM.
4e PRIX SÉNIORS
M. FELLER Claude S.C Colmar
52' 51"
VOSGES TROTTERS MULHOUSE
TOUR DU MARKS
COURSE DE FOND 10 KM.
5e PRIX SÉNIOR
M. FELLER Claude
S.C Colmar

DAS REFUGIUM DES WANDERERS
LE REFUGE DU RANDONNEUR

In majestätischer Lage auf 1150 m Höhe bietet die Ferme-Auberge du Treh einen atemberaubenden Blick auf das Tal von Thann. Im Jahre 2005 hat die Familie Deybach hier ehemalige Stallungen in eine Ferme-Auberge umgebaut. Von Wiesen umgeben, zeigt sie sich stolz in ihrem blass-rosa Sandsteinkleid und lädt zum Einkehren ein. Prächtiges altes Holzgebälk, eine Feuergrube mit riesigen Kupferkesseln und glänzende Kuhglocken schaffen ländliches Ambiente und unverfälschte Behaglichkeit.

Mit Herzblut führt Jean-Paul die 100 Jahre alte Familientradition fort, die von Generation zu Generation, vom Vater zum Sohn weitergegeben wird. Die Küche des Hauses überzeugt mit köstlichen Berggerichten wie dem legendären Melkermenü, hausgemachten Würsten und Käse sowie den Desserts Süßkäse und Heidelbeerkuchen.

Jährlich gibt es zwei große Ereignisse – im Mai den Almauftrieb und im Spätjahr den Almabtrieb. Dabei begleiten Familie und Besucher zwei Tage lang 60 Rinder auf dem 35 km langen Weg zwischen Winterquartier im Tal und der Alm. Große Feste, die ihresgleichen suchen.

A une altitude imposante de 1150 mètres, la Ferme Auberge du Treh offre une vue à couper le souffle sur la vallée de Thann. La famille Deybach a transformé en 2005 ses anciennes étables en cette belle Ferme Auberge. Construite en grès rose, elle se dresse au milieu des pâturages et invite le promeneur à entrer pour se restaurer. La splendide charpente de bois, le poêle en fonte sur lequel trônent d'immenses chaudrons en cuivre, donnent à la salle de l'auberge une ambiance champêtre et au visiteur un agréable sentiment de bien-être.

Jean-Paul Deybach perpétue avec zèle et passion une tradition familiale qui se transmet de génération en génération, de père en fils depuis cent ans. La cuisine de la maison est connue pour ses délicieuses spécialités montagnardes comme le légendaire repas marcaire ou le repas fromager ainsi que pour le fameux fromage blanc au kirsch, les succulentes tartes aux myrtilles et les fromages et charcuteries fabriqués sur place.

Chaque année, en mai et en octobre, ont lieu les grands évènements de la transhumance. Au printemps, la famille et les visiteurs accompagnent pendant deux jours 60 bovins qui quittent leurs quartiers d'hiver et parcourent 35 kilomètres pour atteindre les pâturages des hautes chaumes. En automne, ils refont le chemin dans le sens inverse. Des fêtes qui n'ont pas leurs pareilles.

„ROIGABRAGELDI" –
ROHGEBRATENE KARTOFFELN MIT ZWIEBELN
ROIGABRAGELDIS –
POMME DE TERRE BRAISÉES FAÇON MARCAIRE
Dieses Rezept finden Sie auf der Seite 241
Vous trouverez cette recette à la page 241

FERME-AUBERGE DU TREH
Famille Jean-Paul Deybach
F-68610 Le Markstein
Tél. 00 33 (0) 3 89 / 39 16 79

EINE KLEINES STÜCK PARADIES

UN PETIT COIN DE PARADIS

In Basses Huttes, zwischen Kaysersberg und Munster, im paradiesischen Tal von Orbey, liegt die Ferme Auberge du Rain des Chênes. Das Anwesen, das 2006 von Patrick Chaize und dessen Sohn Camille aus Douglasienholz errichtet wurde, bietet mit seiner Gaststube und der Terrasse einen märchenhaften Ausblick auf den gleichnamigen Berg und über das Tal von Basses Huttes.

Camille und seine Schwester Carole verwöhnen hier ihre Gäste mit Produkten aus dem benachbarten elterlichen Bauernhof. „Es kommt nur Natur auf den Teller". Abwechslungsreich werden die Spezialitäten von Rind, Schwein, Wildschwein und sonstigem Wild zubereitet. Die eigene Yak-Zucht wird kontinuierlich vergrößert mit dem Ziel, von 2015 an den Gästen ganzjährig das kostbare Yakfleisch anbieten zu können.

Alle Erzeugnisse, ob Wurst, Fleisch, ob Käse oder feinste Marmeladen können vor Ort erworben werden.

Für diejenigen Gäste, die in Basses Huttes verweilen möchten, stehen die neuen Gästezimmer des Hauses zur Verfügung.

C'est aux Basses Huttes, entre Kaysersberg et Munster, dans la paradisiaque vallée d'Orbey, que se trouve la Ferme Auberge du Rain des Chênes. Construite en 2006 en bois de Douglas par Patrick Chaize et son fils Camille, l'Auberge offre de sa salle de restaurant et de sa terrasse une vue féerique sur la montagne dont elle porte le nom ainsi que sur la vallée des Basses Huttes.

Camille et sa sœur Carole sont aux petits soins pour leurs hôtes auxquels ils servent les produits de la ferme paternelle voisine. Ils sont réputés pour leurs plats typiquement alsaciens mais aussi pour leurs créations originales. Ils servent du bœuf, du porc, du sanglier et d'autres gibiers en préparations très variées. Et pour continuer de vous étonner, ils commencent un élevage de yak qui s'agrandit d'année en année et dont vous pourrez déguster la viande dès 2015. La charcuterie maison, les pâtés ainsi que la tomme et le munster dégustés sur place peuvent être achetés à la ferme et emportés à la maison.

Les hôtes, charmés par la beauté et le calme du site ainsi que par l'accueil qui leur est réservé, ont souvent de la peine à quitter ces lieux enchanteurs. Alors pourquoi ne pas s'installer dans un de leurs gîtes et rester encore un peu?

FLEISCHSCHNECKE
FLEISCHSCHNAKA (ESCARGOT DE VIANDE)
Dieses Rezept finden Sie auf der Seite 242
Vous trouverez cette recette à la page 243

FERME-AUBERGE DU RAIN DES CHÊNES
Camille Chaize
215 Basses Huttes, F-68370 Orbey
Tél. 00 33 (0) 3 89 / 71 30 42
www.ferme-auberge-alsace.com

Jacques

GRANDIOSE TRADITION
TRADITION GRANDIOSE

Im Geschäftszentrum von Mulhouse, nahe dem Rathaus, dem Prunkstück der rheinischen Renaissance, begrüßt die Pâtisserie Jacques in ihren zwei Pâtisserien und im Café Mozart die Besucher. In dritter Generation führt Michel Bannwarth zusammen mit seinem Vater Gérard, der zu den größten Pâtissiers Europas zählt, das bis nach Japan bekannte, renommierte Familienunternehmen.

Bei Europas großen Meistern Peltier Dalloyau und Wittamer in Brüssel hat Michel Bannwarth berufliche Erfahrung gesammelt und Inspirationen mit nach Hause genommen.

Trotz seines großartigen Erfolgs ist er bodenständig geblieben und hat sich den Bezug zu Herkunft, Ursprung und Handwerk bewahrt. „Die Milch wird direkt vom Bauern gekauft, Kakaobohnen von den besten Plantagen, und letztlich ersetzt die Technik nur zum Teil der Hände Arbeit."

Den Feinschmecker überrascht die reiche Auswahl an unbeschreiblich ästhetischen Kunstwerken wie Gebäck, Pralinen, Schokoladen und Kuchen und ganz besonders der traditionellste Kuchen des Hauses, „Saint-Honoré".

Dans le centre des affaires de Mulhouse, près du somptueux Hôtel de Ville de la Renaissance rhénane, la Pâtisserie Jacques accueille ses visiteurs dans deux boutiques et au Café Mozart.

En collaboration avec son père Gérard, l'un des plus grands Pâtissiers d'Europe, Michel Bannwarth dirige avec brio l'entreprise familiale qui a conservé l'enseigne de son grand-père Jacques et dont la renommée s'est étendue jusqu'au Japon.

Michel Bannwarth a fait ses classes avec les plus prestigieux Maîtres de la Pâtisserie Peltier Dalloyau et Wittamer qui l'ont beaucoup marqué. Le succès ne lui a cependant pas fait perdre le sens des réalités. Il attache toujours une grande importance à l'origine des produits qu'il emploie et reste fidèle à la déontologie de son art. Le lait est acheté directement chez le producteur, les fèves de cacao proviennent des meilleures plantations et la technique ne remplace que partiellement le travail manuel.

Le gourmand reste ébahi par le riche choix de belles et bonnes friandises comme les biscuits, les pralinés, les chocolats et les gâteaux et tout particulièrement par le Saint-Honoré qui est une des gloires de la maison.

HIMBEER-MANJARI
MANJARI FRAMBOISE
Dieses Rezept finden Sie auf der Seite 244
Vous trouverez cette recette à la page 244

PÂTISSERIE JACQUES
Famille Bannwarth
Membre „Relais Dessert international"
1 place de la Réunion, 68100 Mulhouse
Tél. 00 33 (0) 3 89 / 66 45 46
www.patisserie-jacques.com

EINE KULINARISCHE OASE
UNE OASIS CULINAIRE À MULHOUSE

Wer auf der Suche nach der feinen Leichtigkeit mediterraner Kochkunst ist, kommt an Il Cortile nicht vorbei. Im historischen Viertel von Mulhouse hat Stefano d'Onghia 2001 sein Restaurant eröffnet – in einem geschichtsträchtigen Gebäude mit einem faszinierenden mediterranen Garten, eingebunden in die noch vorhandenen Reste der Stadtmauer.

Die klassisch italienisch ausgestatteten Räumlichkeiten und der grünweiße Blumenschmuck, bieten einen eleganten Rahmen. Den Gast erwartet eine hochwertige italienische Küche, ausgezeichnet mit dem Michelin-Stern. Ob Fisch oder Fleischgerichte, alles wird mit besten Ölen, ohne Butter und Creme, zubereitet. Dazu kommt eine reiche Auswahl edler Tropfen.

Jean Michel Feger, der seit Jahren die Küche des Stefano d'Onghia prägt, hat seine Kunst u.a. in Steinbrunn-le-Bas in der Moulin du Kaegy perfektioniert.

Unterstützt wird er nun von Sebastian d'Onghia, dem Sohn des Hauses, der seine Kochkunst unter anderem im Grand Palais Biarritz und im Luxushotel Annapurna in Courchevel unter Beweis gestellt hat.

Pour celui qui est à la recherche de bons petits plats de la cuisine méditerranéenne, Il Cortile est incontournable. Stefano d'Onghia a ouvert ce restaurant en 2001 dans une maison ancienne du centre historique de Mulhouse. Le fantastique jardin qui s'étend au pied d'un vestige des remparts de la ville est ombragé par de vieux arbres et rempli de senteurs transalpines.

De style italien classique, avec des matériaux et des couleurs qui s'harmonisent à merveille et des arrangements de fleurs en vert et blanc, ce restaurant est un plaisir pour les yeux.

Les mets qui y sont servis sont d'un exquis raffinement et l'étoile au Guide Michelin est bien méritée. De viande ou de poisson, tous les plats sont préparés avec les meilleures huiles, sans beurre ni crème. Et la carte des vins est riche en crus renommés.

Jean-Michel Feger qui marque de sa griffe la cuisine de Stefano d'Onghia depuis des années, s'est perfectionné dans son art à Steinbrunn dans le Moulin du Kaegy. Il est désormais assisté par le fils de la maison Sébastien d'Onghia qui a acquis ses galons de chef cuisinier dans le palace Annapurna de Courchevel et au Grand Palais de Biarritz.

LIEBESAPFEL VON DER GÄNSELEBER
POMME D'AMOUR DE FOIE GRAS
Dieses Rezept finden Sie auf der Seite 246
Vous trouverez cette recette à la page 247

RISTORANTE IL CORTILE
Stefano d'Onghia
11 rue des Franciscains, F-68100 Mulhouse
Tél. 00 33 (0) 3 89 / 66 39 79
www.ilcortile-mulhouse.fr

GELOBTE KÜCHE AN DER PFORTE ZUM SUNDGAU
CUISINE PROMETTEUSE À LA PORTE DU SUNDGAU

Weitab von urbaner Rastlosigkeit liegt am Ortsausgang von Heimsbrunn, idyllisch am Waldesrand, das repräsentative Restaurant der Familie Strauss.

Seine Gasträume sind nach den Töchtern des Hauses benannt: Das Bistro Camille spiegelt mit rustikaler ländlicher Ausstattung und authentischen Antiquitäten den Sundgau wieder. Der Salon Antoinette vermittelt französische Eleganz und Wohlfühlatmosphäre. Man spürt mit wieviel Liebe zum Detail die Gastgeberin Marie-Rose Strauss das Haus ausgestattet hat.

In diesen feinen Rahmen des Hauses fügt sich auch die erlesene Küche, die sich weit über die Region hinaus einen Namen gemacht hat. Thiébaut Strauss charakterisiert seine Küche als traditionell elsässisch, orientiert an qualitativ hochwertigen Produkten.

Seine Kreativität zeigt sich auf der Speisekarte mit köstlichen Wildgerichten ebenso wie mit Hummer und Jakobsmuscheln. Marie-Rose Strauss zeichnet verantwortlich für die perfekte Weinkarte in dieser entspannenden Oase, in der der Alltag draußen bleibt.

Le splendide restaurant de la famille Strauss se situe en bordure de forêt, dans un endroit idyllique à la sortie de Heimsbrunn.

Ses deux salles à manger portent les prénoms des filles des propriétaires. Avec sa décoration rustique et ses antiquités, le Bistro Camille reflète l'authenticité de la région du Sundgau.

L'élégant salon Antoinette dégage une atmosphère de bien-être. On sent avec combien d'amour pour le détail Marie-Rose, la maîtresse de maison, a aménagé cette demeure. Dans ce cadre raffiné, la cuisine exquise qui s'est fait connaître bien au-delà des frontières, ravit les hôtes les plus exigeants. Thiébaut Strauss décrit sa propre cuisine comme typiquement alsacienne, axée sur des matières premières d'excellente qualité. Sa carte, avec ses savoureux plats de gibier et ses délicieux homards ou noix de Saint Jacques, donne la preuve de sa créativité culinaire. Outre ces mets délicats, Marie-Rose propose aussi une sublime carte des vins. Ce restaurant est une oasis de détente où, en franchissant la porte, les hôtes peuvent laisser leur quotidien derrière eux.

JAKOBSMUSCHELN UND LACHSSCHNITTE GEBRATEN MIT TRÜFFELRAVIOLI
NOIX DE SAINT-JACQUES ET SAUMON RÔTI AUX RAVIOLES AUX TRUFFES
Dieses Rezept finden Sie auf der Seite 248
Vous trouverez cette recette à la page 249

RESTAURANT STRAUSS
Marie-Rose & Thiébaut Strauss
Rue de la Forêt, F-68990 Heimsbrunn
Tél. 00 33 (0) 3 89 / 81 84 84
www.restaurant-strauss.fr

TRADITION DER GASTLICHKEIT IM SUNDGAU
TRADITION DE L'HOSPITALITÉ AU PAYS DU SUNDGAU

Wer sich an Burgen, Fachwerk und Weinstraße satt gesehen hat, sollte sich auf den Weg nach Diefmatten im Sundgau machen. In dem kleinen Dorf empfiehlt sich ein Besuch des Restaurants Au Cheval Blanc, das zu den besten im südlichen Elsass zählt.

Patrick Schlienger und seine Mutter Liliane empfangen hier ihre Gäste mit viel Herzlichkeit und Wärme.

Das große Restaurant, das mit den antiken regionalen Möbeln seinen vornehmen Stil von einst bewahrt hat, spiegelt den ganzen Sundgau wider.

Patrick Schlienger, der Küchenchef, ist ein Meister seines Metiers. Dies verdankt er seinem Vater François, der ihm seine Liebe zum Elsass und dessen kulinarischen Traditionen weitergegeben hat.

Nach Stationen bei den größten französischen Meistern hat es Patrick Schlienger verstanden, seine vortreffliche Küche mit dem notwendigen Quentchen Modernität zu versehen.

Die Stammgäste aus der Region wie auch seine Gäste von weither wissen um die Qualität des Hauses. Sie alle schätzen diese ganz besondere Lebenskunst.

Maintenant que vous avez bien visité les châteaux forts, les maisons à colombages et la route des vins, vous feriez bien de prendre le chemin du Sundgau et d'aller dans le petit village de Diefmatten Au Cheval Blanc.

Patrick Schlienger dirige avec sa mère Liliane ce restaurant qui est dans la famille depuis quatre générations et qui compte parmi les meilleurs du Sud de l'Alsace. La mère et le fils réservent à leurs clients dans leur maison typique du Sundgau, un accueil des plus chaleureux. Tout le Sundgau se reflète dans le grand restaurant qui, avec ses meubles régionaux anciens, a conservé son style distingué d'autrefois.

Patrick Schlienger, le chef de cuisine, est un maître de sa profession. Il a repris le flambeau de son père François qui a su lui transmettre l'amour de l'Alsace et de ses traditions culinaires. Après son passage chez les plus grands chefs de la cuisine française, il a su apporter à sa cuisine savoureuse le brin de modernisme qui marque bien son époque.

Sa clientèle pour la plupart constituée d'habitués de la région mais aussi venant de beaucoup plus loin ne s'y trompe pas et apprécie l'art de vivre que la famille Schlienger veut lui apporter.

HUMMER-RAGOUT UND SCHWARZES RISOTTO
CIVET DE HOMARD ET RISOTTO NOIR
Dieses Rezept finden Sie auf der Seite 250
Vous trouverez cette recette à la page 251

RESTAURANT AU CHEVAL BLANC
Patrick Schlienger
17 rue de Hecken, F-68780 Diefmatten
Tél. 00 33 (0) 3 89 / 26 91 08
www.auchevalblanc.fr

WOHLFÜHLEN UND GENIESSEN
BIEN-ÊTRE ET PLAISIR DE LA TABLE

DAS BESTE VOM REH AUS DER HEIMISCHEN JAGD
LE MEILLEUR DU CHEVREUIL DES CHASSES D'ICI
Dieses Rezept finden Sie auf der Seite 252
Vous trouverez cette recette à la page 253

Stolz steht die Auberge Saint-Laurent mit ihren grünen Fensterläden und den prachtvollen Geranien im Herzen von Sierentz. In der ehemaligen Poststation aus dem 17. Jahrhundert hat die Familie Arbeit 1983 ihr gastronomisches Schmuckstück etabliert und empfängt mit gepflegter Gastlichkeit in stilvollem Ambiente ihre Gäste.

Mit ihrem Sundgauer Stil zählt die Auberge zu den schönsten Häusern dieser Region. Durch ihre in warmen Farben gehaltenen Stuben mit schönen Möbeln und Eichenholzbalken weht ein Hauch von Geschichte.

Den kulinarischen Reigen dirigiert Sohn Laurent Arbeit, der 2009, nach Jahren der Ausbildung bei großen Meistern wie Haeberlin und Ducasse, nach Hause zurückkehrte und in die Fußstapfen seines Vaters Marco trat, der mit einem Michelin-Stern ausgezeichnet ist.

Seine einfallsreiche Küche findet in der Speisekarte ihren Ausdruck und verwendet maßgeblich jahreszeitliche Produkte (wie Wild aus der eigenen Jagd).

Die Auswahl an edelsten Tropfen aus französischen Rebgärten obliegt Madame Anne Arbeit.

Avec ses volets verts et ses splendides géraniums, l'Auberge Saint-Laurent se dresse fièrement dans le Sundgau au cœur de Sierentz. En 1983, la famille Arbeit a établi dans un ancien relais de poste son magnifique restaurant gastronomique où elle accueille chaleureusement ses hôtes dans une ambiance raffinée.

Dans les spacieuses salles aux couleurs chaudes remarquables par leurs poutres de chêne et leurs beaux meubles, le souffle du passé est encore perceptible. Avec son style authentiquement sundgauvien, l'Auberge Saint-Laurent compte parmi les plus beaux restaurants de la région près de la frontière bâloise.

Le bal culinaire est conduit par le fils de la famille, Laurent Arbeit qui, après des années d'apprentissage et de formation chez les plus grands Maîtres comme Haeberlin ou Ducasse, est rentré à la maison en 2009 pour suivre les traces de son père Marco à qui a été attribué une étoile au Guide Michelin.

Sa cuisine originale et imaginative se reflète dans la carte des mets qui fait une large place aux produits saisonniers comme par exemple le gibier chassé personnellement par Marco Arbeit.

Madame Anne Arbeit conseille judicieusement les clients dans un choix de vins éclectiques provenant des vignobles français.

AUBERGE ST. LAURENT
Marco Arbeit
1 rue Fontaine, F-68510 Sierentz
Tel. 00 33 (0) 3 89 / 81 52 81
www.auberge-saintlaurent.fr

REZEPTE

KARTOFFELSALAT, GERÄUCHERTE FORELLE UND EMULSION VON MUNSTERKÄSE

Hotel Restaurant Perle des Vosges 214

ZUTATEN FÜR 4 PERSONEN

250 g Kartoffeln (Charlotte, Belle de Fontenay), 70 ml Weißwein (Muskat oder Chasselas)

VINAIGRETTE

1 EL Nussöl, 1/2 EL Melfort-Essig, 1 EL gemischte Kräuter (Kerbel, Estragon …), fein gehackt, 1/2 Schalotte, fein gehackt, 1 TL Senf, Salz, Pfeffer

GERÄUCHERTE FORELLEN

2 Forellen à 350 g, 50 g Salz (Sel de Guérande), 30 g Zucker

EMULSION VON MUNSTER-KÄSE

200 g Munster-Käse ohne Rand, 150 ml ungesüßte Sahne (vorzugsweise „label rouge"), 150 g flüssiges Gelee (Gelatineblätter, in Wasser aufgelöst), 1 Prise Salz

ZUBEREITUNG

Kartoffeln 30 Minuten kochen, schälen und in 3 bis 4 Millimeter große Stücke schneiden, mit dem Wein begießen, abdecken und warm halten.
Alle Zutaten für die Vinaigrette vermischen und die Vinaigrette mit den Kartoffeln vermengen.
Den Munster-Käse und das flüssige Gelee mischen, durch ein Sieb passieren, mit der Sahne in einen Espuma-Siphon gießen. Eine Gaskartusche auf den Siphon schrauben und mindestens 1 Stunde im Kühlschrank ruhen lassen.

Salz und Zucker vermischen, die Forellen darin wälzen und sechs Stunden ruhen lassen. Mit kaltem Wasser abspülen und 10 Minuten bei 80 °C pochieren. Die Köpfe entfernen und die Forellen 6 Stunden in die Räucherkammer geben. Danach Haut und Gräten der Forellen entfernen.
In einer Ausstechform den Kartoffsalat, das in zwei Stücke geschnittene Forellenfilet und zum Schluss das Münsterkäse-Espuma anrichten.
Das Ganze mit Kräutern, einem Schuss Balsamico-Essig und Walnussöl dekorieren.

RECETTES

SALADE DE POMME DE TERRE, FILET DE TRUITE FUMÉ ET EMULSION AU MUNSTER

Hotel Restaurant Perle des Vosges 214

INGRÉDIENTS POUR 4 PERSONNES

250 g de pommes de terre (Charlotte, Belle de Fontenay),
7 cl de vin blanc (Muscat ou Chasselas)

POUR LA VINAIGRETTE

1 c.s. d'huile de noix, 1/2 c.s. de vinaigre melfort,
1 c.s. de mélange d'herbes (cerfeuil, estragon),
1/2 échalote, sel et poivre, 1 c.c. de moutarde

POUR LES FILETS DE TRUITE FUMÉ

2 truites de 360 g, 50 g de sel de Guérande, 30 g de sucre

POUR L'ÉMULSION AU MUNSTER

200 g de munster sans la croûte (uniquement le coeur),
150 g de crème fluide label rouge, 150 g de gelée liquide,
1 pincée de sel

PRÉPARATION

Cuire les pommes de terre 30 minutes, les éplucher ensuite coupez-les en tranches de 3 à 4 mm puis aspergez-les de vin blanc, couvrez-les pour les maintenir tièdes.
Préparez la vinaigrette avec le reste des ingrédients puis mélangez-la aux pommes de terre.
Mixer le munster et la gelée liquide, passer au tamis puis verser dans un siphon avec la crème. Visser une cartouche et laisser au réfrigérateur pendant 1 heure au moins.
Pour les truites fumées, mélanger le sel et le sucre et rouler les truites dans le mélange, laisser reposer 6 heures. Rincer à l'eau froide et les pocher pendant 10 minutes à 89 °C, couper les têtes et les placer dans le fumoir durant 6 heures.
Une fois fumées retirer la peau et les arêtes des truites.
Ou plus simplement acheter les filets de truite déjà fumés.
Dans un emporte pièce dresser la salade de pommes de terre, le filet de truite fumé coupé en deux et pour terminer l'espuma au munster.
Décorer avec des herbes et un trait de vinaigre de balsamique et un peu d'huile de noix.

REZEPTE

FLEISCHTORTE AUS DEM MUNSTERTAL

Ferme-Auberge Musmiss, Seite 220

ZUTATEN FÜR 6 PERSONEN

350 g Pâte brisée (Mürbteig), 300 g Blätterteig, 1 kg Schweinefleisch aus der Schulter, 3 Stücke Brot, in Milch eingeweicht, 1 Zwiebel, 1 Ei, 1 TL Gewürzmischung Quatre-épices, 15 g Salz

ZUBEREITUNG

Fleisch, Brot und Zwiebel klein hacken, mit Salz, Ei und Quatre epices vermischen und auf dem Mürbeteig ausbreiten.
Mit dem Blätterteig bedecken. Mit einem verrührten Ei verkleben und bestreichen. Eine Stunde im heißen Ofen bei 190 °C backen.

TOURTE DE LA VALLÉE

Ferme-Auberge Musmiss, page 220

INGRÉDIENTS POUR 6 PERSONNES

350 g de pâte brisée, 300 g de pâte feuilletée, 1 kg de viande de porc (épaule), 3 tranches de pain trempées dans du lait, 1 oignon, 1 oeuf, 1 cuiller à café de 4 épices, 15 g de sel

PRÉPARATION

Hacher le tout, mélanger, étaler sur 350 g de pâte brisée.
Recouvrir de 300 g de pâte feuilletée.
Souder et badigeonner d'oeuf pour colorer. 1 heure à 190 °C dans four chaud.

RECETTES

„ROIGABRAGELDI" – ROHGEBRATENE KARTOFFELN MIT ZWIEBELN

Ferme-Auberge du Treh, Seite 224

ZUTATEN

400 g Bauernbutter, 4 mittelgroße Zwiebeln, 3,5 kg Kartoffeln, 45 g grobes Salz

ZUBEREITUNG

Die Kartoffeln und die Zwiebeln schälen. Die Kartoffeln in feine runde Scheiben schneiden, die Zwiebeln kleinschneiden. Den Boden einer gußeisernen Kasserolle mit 350 Gramm Butter bedecken. Mit einer Schicht Kartoffeln, den geschnittenen Zwiebeln und 30 Gramm Salz die Hälfte der Kasserolle füllen.Danach die Kasserolle mit den restlichen, fein geschnittenen Kartoffeln, auffüllen. Auf die letzte Schicht der Kartoffeln die restlichen 15 Gramm Salz und 50 Gramm Butter geben. Die Kasserolle mit ihrem Deckel abschließen und bei starkem Feuer schmoren bis der Deckel sehr heiß ist. Die Hitze reduzieren und die Kartoffeln zwei Stunden auf kleiner Flamme weiter schmoren lassen. Vor dem Auftragen mit Hilfe einer Schaufel den Inhalt zerkleinern und umrühren. Heiß servieren.

Die „Roigabrageldi" werden vorzugsweise mit geräuchertem Schweinefleisch oder Fleisch mit Sauce aufgetischt.

ROIGABRAGELDIS – POMME DE TERRE BRAISÉES FAÇON MARCAIRE

Ferme-Auberge du Treh, page 224

INGRÉDIENTS

400 g de beurre fermier, 4 oignons moyens, 3,5 kg de pommes de terre, 45 g de gros sel

PRÉPARATION

Eplucher les pommes de terre et les oignons. Frotter les bords de la cocotte en fonte avec du beurre et recouvrir le fond de la cocotte avec 350 g de beurre.

Couper les pommes de terre crues en fine rondelles et remplir jusqu'à la moitié de la cocotte. Mettre 30 g de sel et les oignons crus et émincés. Remplir le reste de la cocotte avec les pommes de terre coupées finement en rondelles. Mettre les derniers 15 g de sel et les derniers 50 g de beurre sur la dernière couche de pommes de terre, recouvrir avec le couvercle et mettre à cuire tout d'abord sur feu fort jusqu'à ce que le couvercle soit bien chaud, puis réduire le feu et laisser mijoter pendant deux heures.

Arrêter le feu et couper et mélanger le contenu de la cocotte à l'aide d'une pelle.

Servir bien chaud accompagné de viande de porc fumée ou de viande en sauce.

REZEPTE

FLEISCHSCHNECKE

Ferme-Auberge du Rain des Chênes, Seite 226

ZUTATEN FÜR 4–5 PERSONEN

TEIG

3 Eier, 300 g Mehl

FÜLLUNG

600 g Rindfleisch (Bug), 150 g altbackenes Brot, 300 ml Milch, 2 Karotten, 1/2 Sellerie, 1 Stange Lauch, 1 Zwiebel, Petersilie, 1 Ei, Salz und Pfeffer

ZUBEREITUNG

Für einen geschmeidigen und nicht klebrigen Teig das Mehl und die drei Eier vermengen und 1 Stunde kalt stellen.
Das Fleisch in Würfel schneiden. Die Fleischwürfel, Karotten, Lauch und Sellerie in einen Topf kochendes Wasser geben, eineinhalb Stunden bis 2 Stunden kochen lassen.
Die Brühe für die Fleischschnecken aufbewahren.
In einer Salatschüssel das getrocknete Brot in Milch einweichen.
Für die Füllung das gekochte Fleisch und Gemüse im Mixer mit Petersilie, Zwiebel und eingeweichtem Brot pürieren. Nach Geschmack salzen und pfeffern.
Die Füllung mit Ei und dem Rest der Milch gleichmäßig vermischen.
Den Teig auf einer mit Mehl bestreuten Arbeitsfläche zu einem Rechteck von 1 Millimeter Dicke ausrollen. Die Füllung 1 bis 2 Zentimeter dick auf dem Teig verteilen, die Ränder des Teiges mit Ei bestreichen und zu einer Rolle fest zusammenrollen. Mit einem scharfen Messer die Rolle vorsichtig in Scheiben schneiden.
Jede Scheibe beidseitig in Mehl wenden in einer Pfanne in Olivenöl goldgelb braten. Die goldgelb gebratenen Scheiben in eine Form mit hohem Rand setzen und ganz mit der Rinderbrühe bedecken. Für 30 Minuten bei 180 °C in den Backofen schieben.
Die Scheiben aus der Bouillon nehmen und mit Rohkostsalaten servieren.

RECETTES

FLEISCHSCHNAKA (ESCARGOT DE VIANDE)

Ferme-Auberge du Rain des Chênes, page 226

INGRÉDIENTS POUR 4–5 PERSONNES

PÂTE

3 œufs, 300 g de farine

FARCE

600 g de viande de boeuf (paleron), 150 g de pain dur, 30 cl de lait, 2 carottes, 1/2 céleri, 1 poireau, 1 oignon, persil, 1 œuf, sel, poivre

PRÉPARATION

Coupez la viande en dés. Plongez les dés de viande, les carottes, le poireau et le céleri dans une casserole d'eau bouillante, laissez cuire 1 h 30 à 2 h. Gardez le bouillon pour la cuisson des fleischschnakas.

La pâte: mélangez les trois œufs à la farine pour obtenir une pâte souple, élastique et non collante. Réservez-la au frais 1 heure.

Dans un saladier, faites imbiber le pain dur dans le lait.

La farce : une fois que la viande et les légumes sont cuits, passez-les au mixeur avec le persil, l'oignon et le pain imbibé. Salez et poivrez la farce à votre convenance. Mélangez la farce avec l'œuf et le reste de lait pour qu'elle soit bien homogène.

Etalez la pâte sur un plan de travail fariné. Faites un rectangle d'un millimètre d'épaisseur. Etalez environ 1 ou 2 cm de farce sur la surface de la pâte. Badigeonnez le contour de la pâte avec de l'œuf pour que les fleischschnakas ne se déroulent pas pendant la cuisson.

Roulez ensuite la pâte afin de former un boudin bien serré. Découpez délicatement des rondelles dans le boudin avec un couteau très fin. Attention à ne pas déchirer la pâte.

Passez chaque côté des rondelles dans la farine avant de les faire dorer dans une poêle bien huilée.

Déposez ensuite les rondelles bien dorées dans un plat assez haut. Recouvrez-les entièrement de bouillon. Enfournez à 180 °C pendant 30 minutes environ.

Vous pouvez alors retirer les tranches du bouillon. Servez-les très chaudes avec des crudités.

REZEPTE

HIMBEER-MANJARI

Pâtisserie Jacques, Seite 228

ZUTATEN

HIMBEERMOUSSE

250 g Himbeeren, püriert, 10 ml Himbeerlikör, 10 ml Himbeergeist, 50 g Zucker, 10 g Gelatine-Blätter, 225 ml Sahne

SCHOKOLADENMOUSSE

155 ml Sahne, 36 ml Milch, 250 g dunkle Schokolade, 35 g Butter, 110 g Eidotter, 140 g Eiweiß, 45 g Zucker

SCHOKOLADENBISKUITBODEN (ZUTATEN FÜR 6 BÖDEN)

300 g Marzipanmasse, 160 g Eigelb, 120 g Eier, 280 g Eiweiß, 100 g Zucker, 125 g Weizenmehl, 60 g Kakao, 75 g Butter

ZUBEREITUNG

Für die Himbeermousse die Gelatine 15 Minuten einweichen und abtropfen lassen.

Die Sahne mit dem Zucker aufschlagen. Die aufgelöste Gelatine mit dem Alkohol und dem Himbeermark vermischen, die Sahne mit einem Schneebesen darunter heben.

Für die Schokoladenmousse Sahne und Milch zum Kochen bringen, über die klein gehackte Schokolade gießen, umrühren bis sich die Schokolade aufgelöst hat, dann die Butter einarbeiten.

Das Eiweiß mit dem Zucker schaumig schlagen, das Eigelb in die Schokoladenmasse (bei 40 °C) geben und das Eiweiß unterziehen.

Für den Biscuitboden in einem Behälter das Eigelb, die Eier und die Marzipanmasse vermischen, beiseite stellen.

In einem Rührgefäß das Eiweiß mit dem Zucker zu Schnee schlagen; das Mehl und den Kakao sieben; die Butter zergehen lassen.

Vorsichtig das Eiweiß unter die Marzipanmasse heben, dann das Mehl und den Kakao und zum Schluss die Butter dazugeben und vermengen.

Mit einer Spritztüte die Masse in Kuchenformen setzen und im Ofen bei 180 °C 15 Minuten backen.

Den Schokoladenbiskuitboden abkühlen lassen, mit etwas Himbeergeist oder Himbeersaft beträufeln, Schokoladenmousse drauf verteilen, 1 Stunde im Kühlschrank ruhen lassen. Danach die Himbeermousse daraufgeben und kühl stellen. Abschließend mit Tortenguss und Himbeeren dekorieren.

MANJARI FRAMBOISE

Pâtisserie Jacques, page 228

INGRÉDIENTS

MOUSSE FRAMBOISE

250 g de pulpe de framboise, 10 g de liqueur de framboise, 10 g d'alcool de framboise, 50 g de sucre, 10 g de gélatine en feuilles, 225 g de crème fouettée

MOUSSE CHOCOLAT

155 g de crème, 36 g de lait, 250 g de chocolat noir, 35 g de beurre, 110 g de jaune d'oeuf, 140 g de blanc d'oeuf, 45 g de sucre

BISCUIT POUR 6 GÂTEAUX

300 g de pâte d'amandes, 160 g de jaune d'œuf, 120 g d'œuf, 280 g de blanc d'œuf, 100 g de sucre, 125 g de farine de blé, 60 g de cacao en poudre, 75 g de beurre

PRÉPARATION

Pour la mousse framboise, laisser tremper les feuilles de gélatine pendant 15 minutes, puis égoutter; monter la crème avec le sucre.

Faire fondre la gélatine et l'incorporer avec l'alcool dans la pulpe de framboise, puis ajouter la crème en mélangeant délicatement avec un fouet.

Pour la mousse chocolat, faire bouillir la crème et le lait, puis verser sur le chocolat haché; remuer et incorporer le beurre.

Monter les blancs et le sucre et ajouter les jaunes dans l'appareil chocolat à une température de 40°C puis les blancs montés.

Pour le biscuit, mélanger les jaunes et les œufs avec la pâte d'amandes dans un récipient ; réserver. Monter au batteur les blancs et le sucre ; tamiser la farine et le cacao ; faire fondre le beurre.

Incorporer délicatement les blancs montés au mélange pâte d'amandes, puis verser la farine et le cacao et en dernier le beurre fondu.

A l'aide d'une poche à douille, dresser la masse dans des cercles. Faire cuire 15 minutes au four à 180 °C.

Le gâteau est constitué du biscuit au chocolat dans le fond qu'il est conseillé de puncher avec un peu de jus de framboise et/ou d'alcool; ensuite on dresse la mousse au chocolat.

Réserver 1 heure au réfrigérateur puis dresser la mousse framboise. Laisser prendre au froid. Décorer avec de la gelée et des framboises.

Jacques

REZEPTE

LIEBESAPFEL VON DER GÄNSELEBER

Ristorante Il Cortile, Seite 230

ZUTATEN

1 kg Stopfleber, 14 g Gewürz für Stopfleber, 15 g Tanit (sizilianischer Muskat), 2 Äpfel der Sorte Sternrenette, 30 Beeren von Weintrauben, 2 El Manzana (Apfellikör), 800 g Traubensaft, 6 El Salzglasur (Nappage salé)

ZUBEREITUNG

Die Gänseleber auseinander nehmen und von Adern befreien.

Mit der Hand (mit Handschuhen) die Gänseleber mit den Gewürzen und dem Muscat vermischen. Um eine Oxidation zu vermeiden, mit Klarsichtfolie abdecken und im Kühlschrank 24 Stunden ruhen lassen. Danach mit Hilfe von Frischhaltefolie zu zwei Würsten formen, die Würste anstechen und in eine zweite Folie packen, und alles zusammen mit einer Alu-Folie umwickeln.

Bei niedriger Temperatur im Ofen garen (Kerntemperatur von 63 °C), danach abkühlen und 24 Stunden im Kühlschrank ruhen lassen.

Mit Hilfe eines Suppenlöffels die Leber leicht zerdrücken, und damit Halbkugelformen aus Silikon (5 Zentimeter Durchmesser) füllen, dabei ein klein wenig von der Masse beiseite stellen.

Mit einem kleine Löffel jede Halbkugel in der Mitte wieder etwas aushöhlen..

Den Apfel in kleine Würfel schneiden. Die Hälfte in einer Pfanne anbraten, mit Manzana ablöschen, abkühlen lassen und in die ausghöhlte Halbkugeln füllen.

Im Kühlschrank mindestens drei Stunden ruhen lassen.

Danach je zwei Halbkugeln mit Hilfe der beiseite gelegten Gänseleber zusammenfügen.

Für die Glasur des Liebesapfels den Traubensaft reduzieren und Salzglasur dazugeben.

Den restlichen Teil des Apfels mit den enthäuteten, entkernten und gehackten Trauben vermischen.

Für die Apfelchips mit der Aufschnittmaschine kleine Scheiben vom Apfel schneiden, mit Staubzucker bestreuen. Die ganze Nacht im Backofen mit 60 °C trocknen lassen.

ANRICHTEN

Die Kugel in die Glasur tunken, mit der Glasur überziehen und auf die Apfel-Traube-Garnitur setzen.

Die Apfelchips auf die Kugel kleben.

RECETTES

POMME D'AMOUR DE FOIE GRAS

Ristorante Il Cortile, page 230

INGRÉDIENTS

1 kg de foie gras, 14 g d'épices pour foie gras, 15 g de tanit (muscat sicilien), 2 pommes reinette, 30 grains de raisin, 2 c.s. manzana, 800 g de jus de raisin, 6 c.s. de nappage salé

PRÉPARATION

Ouvrir le foie gras en 2 lobes et déveiner chacun d'entres eux. Mélanger le foie gras à la main (avec des gants), en y ajoutant les épices et le tanit. Une fois le tout mélangé, laisser mariner 24 heures au réfrigérateur avec un film au contact pour éviter l'oxydation.

Former deux boudins à l'aide d'un film étirable, piquer le boudin puis mettre un deuxième film (pour que l'excès de graisse reste entre les deux films), les entourer d'aluminium. Cuire au four à basse température 63 °C à cœur. Une fois le foie gras cuit et refroidi, laisser reposer 24 heures de préférence au réfrigérateur. Ecraser légèrement le foie gras à l'aide d'une cuillère. Remplir les moules en silicone demi-sphère de 5 cm de diamètre (garder une petite partie pour coller les sphères). Creuser avec une petite cuillère le centre de chaque demi- sphère.

Cœur des billes de foie gras : Couper la pomme en brunoise (petits cubes). Poêler la moitié et déglacer à la manzana, laisser refroidir. Remplir les demi-sphères. Réserver au réfrigérateur minimum 3 heures. Le foie gras sera dur, il sera donc plus facile de coller les 2 demi-sphères à l'aide d'un peu de foie gras préalablement gardé.

Mélanger la 2ème partie de pomme avec les raisins épluchés, épépinés et hachés. Pour l'aspect pomme d'amour : Réduire du jus de raisin et y rajouter un nappage salé

Chips de pomme : Couper de fines tranches de pomme à la trancheuse. Saupoudrer de sucre glace. Laisser toute la nuit au four à 60 °C.

MONTAGE

Tremper la bille de foie gras dans le nappage et la déposer sur un lit de garniture pomme-raisin. Coller les chips sur la sphère.

REZEPTE

JAKOBSMUSCHELN UND LACHSSCHNITTE GEBRATEN MIT TRÜFFELRAVIOLI

Restaurant Strauss, Seite 232

ZUTATEN FÜR 4 PERSONEN

16 Jakobsmuscheln, 4 Scheiben frischer Lachs, Olivenöl, Butter, gemischtes Gemüse bestehend aus:, 3 Karotten, 1 Lauchstange, 3 Rübchen, 1/4 Sellerie, 1/2 Fenchel, 1 Zucchino, 8 Kirschtomaten, 4 Kräutersträußchen zur Dekoration

SAUCE

150 ml Weißwein, 1 EL weißer Essig, 1 Zitrone (Saft), 1 Zwiebel, 300 ml Sahne, Butter

TRÜFFELRAVIOLI

200 g Mehl, 2 Eier, 1 El Olivenöl, 1 Prise Salz, 100 g Frischkäse (Ricotta), 100 g Kalbfleisch, roh, 2 Tropfen Trüffel-Extrakt

ZUBEREITUNG

Die Jakobsmuscheln und die Lachsscheiben nacheinander in Olivenöl und Butter anbraten, wenig salzen und pfeffern.

Den Weißwein, Zitronensaft und den weißen Essig zum Kochen bringen, mit gehackter Schalotte zwei Minuten auf leichter Hitze kochen lassen. Die Sahne hinzugeben, 5 Minuten köcheln lassen, abschmecken. (Einen ausreichend großen Topf verwenden, um das Überkochen zu vermeiden.) Gleichzeitig das gemischte Gemüse fein schneiden, in Salzwasser kochen und in Eiswasser abschrecken, dann abgießen und abtropfen lassen.

In einer Pfanne mit Butter und Olivenöl erwärmen und abschmecken.

Für den Ravioliteig Mehl, Eier, Salz und Olivenöl vermischen und gut durchkneten. Den Teig dünn ausrollen und in Vierecke von 5 x 5 Zentimeter schneiden.

Für die Füllung Frischkäse und das durch den Fleischwolf gedrehte rohe Kalbfleisch mischen, mit dem Trüffelextrakt würzen.

Mit einem Kaffeelöffel jeweils etwas Farce auf ein Teigviereck gebenen, die Ränder mit Ei bestreichen, mit dem zweiten Viereck bedecken, die Ränder festdrücken und zu Ravioli schneiden.

Die Trüffelravioli im Gemüsewasser garen und auf einem Tuch abtropfen lassen.

Das Ganze auf einem warmen Teller anrichten. Mit einem Esslöffel kalter Butter die Sauce aufschlagen, und über die Speise gießen.

RECETTES

NOIX DE SAINT-JACQUES ET SAUMON RÔTI AUX RAVIOLES AUX TRUFFES

Restaurant Strauss, page 232

INGRÉDIENTS POUR 4 PERSONNES

16 belles noix de Saint-Jacques, 4 tranches de saumon frais, huile d'olive, beurre, 8 ravioles aux truffes, 300 g de ragoût de légumes composé de: 3 carottes, 1 poireau, 3 navets, 1/4 de céleri, 1/2 de fenouil, 1 courgette, 8 tomates cerises, 4 fleurons, quelques herbes de décoration

LA SAUCE

15 cl de vin blanc sec, 1 c.a.s. de vinaigre blanc, 1 jus de citron, 1 échalote, 30 cl de crème fraîche, beurre

LA PÂTE POUR LES RAVIOLES

200 g de farine, 1 c.à.s. d'huile d'olive, 2 œufs, 1 pincée de sel

LA FARCE DE RAVIOLES AUX TRUFFES

100 g de ricotta, 100 g de viande de veau cru, 2 gouttes d'extrait de truffes

PRÉPARATION

Rôtir les noix de Saint-Jacques et le saumon (pas en même temps) dans un peu d'huile d'olive et de beurre, assaisonner avec du sel et du poivre du moulin.

Mettre à bouillir le vin, jus de citron, vinaigre blanc, échalote hachée, laisser sur feu doux pendant 2 minutes puis mixer fin, ajouter la crème et laisser mijoter 5 minutes, assaisonner. Prenez une casserole assez grande pour empêcher le débordement.

En même temps, faite cuire une variété de légumes coupés en bataille (indifféremment) dans de l'eau salée, refroidir dans de l'eau et des glaçons (la cuisson est à opérer selon votre envie de croquant ou non). Les réchauffer dans une poêle avec un peu de beurre et d'huile d'olive, vérifier l'assaisonnement.

La pâte pour les ravioles : mélanger la farine, les œufs, l'huile d'olive et le sel. Etaler la pâte fine, couper-la en carrés (de 5 sur 5 cm).

La farce pour les ravioles aux truffes: mélanger le ricotta et la viande hachée et assaisonner-la selon votre goût. Ajouter 2 gouttes d'extrait de truffes.

Farcir les ravioles avec la farce à l'aide d'une cuillère à café, les fermer et coller à l'oeuf. Dans l'eau de cuisson des légumes faire cuire les ravioles 4 minutes. Les égoutter dans un chiffon (pour retirer toute l'eau)

Dresser le tout sur assiettes chaudes, monter (battre) la sauce avec une noix de beurre, napper le plat et servir.

REZEPTE

HUMMER-RAGOUT UND SCHWARZES RISOTTO

Restaurant Au Cheval Blanc, Seite 234

ZUTATEN FÜR 4 PERSONEN

4 lebende Hummer à 500–600 g

SUD

1 Karotte, 1 Zwiebel, 1 Lorbeerblatt, 150 ml Weißwein, Salz

RAGOUTSAUCE

50 g Butter, 250 ml Rotwein (Côtes du Rhône), 1 Glas Cognac, 2 Schalotten, 1 Karotte, 100 g Sellerie, 100 ml Sahne, 1 EL Tomatenmark, 1 kleiner Zweig Estragon, 25 g Mehl mit 25 g Butter verknetet (Mehlbutter), Salz, Pfeffer

SCHWARZES RISOTTO

240 g schwarzer Reis, 1 Schalotte, 100 g Butter, Salz, Pfeffer

GARNITUR

4 Äpfel, 250 ml Rotwein, 100 g Zucker

ZUBEREITUNG

In einem großen Kochtopf den Sud (mindestens 5 Liter) 10 Minuten kochen lassen.

Die Hummer in den auf großer Flamme kochenden Sud geben und 6 Minuten kochen.

Danach den Topf vom Feuer nehmen und noch 4 Minuten ziehen lassen. Die Hummer aus dem Sud nehmen. Nach dem Erkalten die Hummer auslösen und die Karkassen zerkleinern.

Für die Ragoutsauce das in kleine Würfel geschnittene Gemüse, Tomatenmark und die Karkassen in Butter leicht anrösten, mit Cognac flambieren, den Rotwein dazu geben, die Flüssigkeit auf die Hälfte reduzieren, mit dem gekochten Fischfond wieder aufgießen, die Flüssigkeit um die Hälfte reduzieren, die Creme und die Mehlbutter dazu geben um die Sauce zu binden. Einen kleinen Zweig Estragon in der Sauce ziehen lassen, die Sauce noch weitere 10 Minuten kochen. Danach die Sauce durch ein Spitzsieb gießen, nochmals abschmecken und würzen.

Für das Risotto die fein geschnittene Schalotte in 20 Gramm Butter anbräunen, den schwarzen Reis dazugeben, mit etwa 2 Liter Sud aufgießen und 15 Minuten kochen, dann den Rest der Butter in kleinen Stückchen dazugeben und das Risotto würzen.

Den Rotwein mit Zucker kochen, die geschälten Äpfel dazu geben, abgießen, in 4 Teile schneiden und nochmals 4 Minuten ziehen lassen.

ANRICHTEN

Das Hummerfleisch erwärmen, auf dem Risotto anrichten, die Äpfel anlegen und die Ragoutsauce angießen.

RECETTES

CIVET DE HOMARD ET RISOTTO NOIR

Restaurant Au Cheval Blanc, page 234

INGRÉDIENTS POUR 4 PERSONNES
4 homards vivants de 500 à 600 g

COURT BOUILLON
1 carotte, 1 oignon, 1 feuille de laurier, 15 cl de vin blanc, sel

SAUCE CIVET DE HOMARD
50 g de beurre, 25 cl de vin Rouge (côtes du Rhône), 1 verre de cognac, 2 échalotes, 1 carotte, 100 g de céleri, 1 dl de crème, 1 cuillère à soupe de concentré de tomate, 1 petite branche d'estragon, 25 g de beurre, 25 g de farine, sel, poivre

RISOTTO NOIR
240 g de riz noir, 1 échalote, 20 g de beurre plus 80 g

GARNITURE
4 pommes fruits, 25 cl de vin rouge, 100 g de sucre

PRÉPARATION
Rôtir les noix de Saint-Jacques et le saumon. Dans une grande marmite, faire bouillir 10 minutes le court-bouillon (minimum 5 litres).
Plonger les homards dans le liquide bouillant à grand feu. Cuire 6 minutes puis retirer la marmite du feu et laisser tirer encore 4 minutes. Retirer les homards du court-bouillon Après refroidissement, décortiquer les homards, concasser les carcasses.
Sauce civet de Homard : faire revenir au beurre les légumes coupés en petits dés, la tomate et les carcasses. Flamber au Cognac, ajouter le vin rouge puis réduire de 1/2. Mouiller à hauteur avec du court-bouillon de cuisson, réduire de 1/2 puis ajouter la crème et le beurre manié pour lier la sauce. Infuser une petite branche d'estragon et laisser cuire à petit feu encore 10 minutes. Filtrer la sauce au chinois, goûter et rectifier l'assaisonnement.
Garniture de pommes fruits au vin rouge : faire bouillir le vin rouge avec le sucre, ajouter les pommes épluchées, vidées et coupées en quartiers, cuire 4 minutes.
Risotto au riz noir : faire blondir l'échalote dans 20 g de beurre, ajouter le riz noir et 1 fois 2 l de court-bouillon. Cuire 15 minutes puis le reste de beurre cru en morceaux, assaisonner.

DRESSAGE
Chauffer les chairs de homards, dresser sur le risotto, les pommes autour et napper de sauce civet.

REZEPTE

DAS BESTE VOM REH AUS DER HEIMISCHEN JAGD

Auberge Saint Laurent, Seite 236

ZUTATEN FÜR 6 PERSONEN

1 Rehfilet, 6 Schnitzel aus der Rehkeule geschnitten, je 3 gelbe und weiße Rübchen, 3 Schwarzwurzeln, 2 Rote Beeten, 6 Topinambour, 3 Feigen, 1 Quitte, 1 Birne, 12 Trauben, 500 ml Wildfond, 1 EL Esskastanienlikör, 1 EL Cognac, 1/2 Flasche kräftiger Rotwein, 1 El Weinessig, 1 El Balsamico-Essig, Erdnussöl, 30 g Butter, 1 EL grünen Pfeffer, 1 TL Senf, Pfefferkörner, Wacholderbeeren, Fleur de sel, Pfeffer aus der Mühle

ZUBEREITUNG

Die geschnittenen Gemüse jeweils getrennt für sich bissfest garen (Garzeit berücksichtigen). Die Gemüsebrühen beiseite stellen.

Die Abschnitte der Roten Beete kochen und mit Weinessig und Balsamico Essig mischen und pürieren. Das Rehfleisch zuschneiden, parieren und mit Bindfaden in Form binden.

Die Fleischabschnitte in einem Brattopf scharf anbraten, die Abschnitte der saisonalen Früchte, einige Pfefferkörner und Wacholderbeeren dazugeben und karamellisieren.

Mit Kastanienlikör ablöschen, Rotwein aufgießen, flambieren, vollständig einkochen lassen, mit Wildfond aufgießen, bis zur Hälfte die Flüssigkeit reduzieren, den Vorgang noch zweimal wiederholen.

In einer gusseisernen Pfanne die Rehstücke scharf anbraten, grünen Pfeffer und Senf dazugeben, mit Cognac ablöschen und Wildfond angießen.

Die Gemüse in der reduzierten Gemüsebrühe mit einem nussgroßen Stück Butter wieder heiß machen, harmonisch auf dem Rote-Beete-Püree anrichten und mit ein paar gewürzten Spänen von rohem Gemüse verzieren.

Das Fleisch anrichten, mit Sauce nappieren, etwas Fleur de sel und Pfeffer aus der Mühle darübergeben. Dazu passt ein kräftiger Rotwein.

RECETTES

LE MEILLEUR DU CHEVREUIL DES CHASSES D'ICI

Auberge Saint Laurent, page 236

INGRÉDIENTS POUR 6 PERSONNES

1 filet de chevreuil, 6 escalopes taillées dans gigot de chevreuil, 3 navets boule d'or et 3 navets blancs, 3 salsifis, 2 betteraves rouges, 6 topinambour, 3 figues, 1 coing, 1 poire, 12 grains de raisin, 50 cl de fond de gibier, 1 c.à.s. de liqueur de châtaigne, 1 c.à.s. de cognac, 1/2 bouteille de vin rouge charpenté, 1 c.à.s. de vinaigre de vin, 1 c.à.s.de vinaigre balsamique, 1 c.à.s. d'huile d'arachide, 30 g de beurre, 1 c.à.s. de poivre vert, 1 c.à.c. de moutarde, fleur de sel, poivre du moulin

PRÉPARATION

Réaliser un fond de gibier.
Cuire chacun des légumes taillés séparément et à leur convenance. Réserver les jus de cuisson.
Faire cuire les parures de betteraves et mélanger dans du vinaigre de vin et balsamique, mixer.
Parer et ficeler les morceaux de chevreuil (filet, gigot, etc.)
Saisir vivement les parures de viandes dans une cocotte en fonte, ajouter les parures des fruits de saison et quelques grains de poivre noir et baies de genièvre, faire caraméliser.
Déglacer à liqueur de châtaigne, mouiller au vin rouge, flamber, réduire à sec, mouiller avec le fond gibier, réduire de moitié et recommencer l'opération encore deux fois.
Saisir les morceaux de chevreuil dans une poêle en fonte, ajouter quelques grains de poivre vert, une cuiller à café de moutarde, déglacer et flamber au cognac et ajouter du jus de gibier.
Réchauffer les légumes dans leur jus réduit avec une noisette de beurre, dresser harmonieusement sur la purée de betteraves, agrémenter de quelques copeaux de légumes crus assaisonnés.
Dresser la viande, la napper de sa sauce, relever le tout avec quelques grains de fleur de sel et
d'un tour de moulin à poivre.
Déguster avec un verre de beau vin rouge bien charpenté.

STORCH AUF DEM KIRCHENDACH IN MITTELWIHR
CIGOGNE SUR LE TOIT DE L'ÉGLISE À MITTELWIHR

REZEPTVERZEICHNIS

INDEX DES RECETTES

REZEPTVERZEICHNIS

INDEX DES RECETTES

ADRESSVERZEICHNIS

A

A LA FERME D'AUTREFOIS FROMAGERIE ET SALAISON *26*
Serge Bouquie
25, rue Nationale
F-67160 Wissembourg
Tél. 00 33 09 82 21 07 50
alafermedautrefois@gmail.com
KD 09 hat keine Homepage

AUBERGE DE L'ILL *178*
Familie Haeberlin
2, rue de Collonges
F-68970 Illhäusern
Tél. 00 33 (0) 3 89 / 71 89 00
Fax 00 33 (0) 3 89 / 71 82 83
aubergedelill@aubergedelill.com
www.aubergedelill.com

AUBERGE DU PARC CAROLA *140*
Michaela Peters
48, route de Bergheim
F-68150 Ribeauvillé
Tél. 00 33 (0) 3 89 / 86 05 75
aubergeduparccarola@hotmail.fr.
www.Auberge-parc-carola.com

AUBERGE ST. LAURENT *236*
Marco Arbeit
1, rue Fontaine
F-68510 Sierentz
Tél. 00 33 (0) 3 89 / 81 52 81
Fax 00 33 (0) 3 89 / 81 67 08
marco.arbeit@wanadoo.fr
www.auberge-saintlaurent.fr

AU TILLEUL HOTEL & RESTAURANT *62*
Jacques Lorentz
5, route de Strasbourg
F-67206 Mittelhausbergen
Tél. 00 33 (0) 3 88 / 56 18 31
Fax 00 33 (0) 3 88 / 56 07 23
autilleul@waladoo.fr
www.autilleul.fr

B

BESTHEIM *146*
Directeur Général
Thierry Schoepfer
3, rue du Général De Gaulle
F-68630 Bennwihr
Tél. 00 33 (0) 3 89 / 49 09 29
Fax 00 33 (0) 3 89 / 49 09 20
vignobles@bestheim.com
www.bestheim.com

BOUCHERIE-CHARCUTERIE-TRAITEUR RIEDINGER-BALZER *60*
Jacqueline Riedinger-Balzer
5, rue du Général Leclerc
F-67550 Vendenheim
Tél. 00 33 (0) 3 88 / 69 40 08
boucherie.riedinger@wanadoo.fr
www.riedinger-balzer.fr

BOULANGERIE J.P. BECHLER *190*
Maître Boulanger Pâtissier
Chocolatier Glacier
Jean-Pierre Bechler
4, rue Charles Marie Widor
6, rue du Nord
F-68000 Colmar
Tél. 00 33 (0) 38 9 / 41 07 34
boulangerie-bechler@orange.fr

C

CAVE DE TURCKHEIM *148*
Directeur Lionel Lécuyer
16, Rue des Tuileries
F-68230 Turckheim
Tél. 00 33 (0) 3 89 / 30 23 60
Fax 00 33 (0) 3 89 / 27 35 33
l.lecuyer@cave-turckheim.com
www.cave-turckheim.com

CAVE HISTORIQUE DES HOSPICES DE STRASBOURG *76*
Directeur Eric Heller
1, place de l'Hôpital
F-67091 Strasbourg
Tél. 00 33 (0) 388 / 11 64 50
Fax 00 33 (0) 388 / 11 50 40
Mail: cave-hospices@chru-strasbourg.fr
www.vins-des-hospices-de-strasbourg.fr

LES CAVES MATERNE – HAEGELIN & FILLES *154*
Régine Garnier-Haegelin
45–47, Grand'Rue
F-68500 Orschwihr
Tél. 00 33 (0) 3 89 / 76 95 17
Fax 00 33 (0) 3 89 / 74 88 87
vins@materne-haegelin.fr
www.materne-haegelin.fr

CELTIC L'EAU MINÉRALE IDÉALE *38*
Contact: M. Andreolli
58, route de Bitche
F-67110 Niederbronn-les-Bains
Tél. 00 33 (0) 3 88 / 80 38 39
Fax 00 33 (0) 3 88 / 80 80 03
commercial@eauceltic.com
www.eauceltic.com

INDEX DES ADRESSES

ADRESSVERZEICHNIS

FERME-AUBERGE MUSMISS 220
Florence & Thierry Baumgart
F-68140 Soultzeren
Tél. 00 33 (0) 3 89 / 71 32 33
Fax 00 33 (0) 3 89 / 71 32 33

FERME DU STEINBACH 32
Pierre Sturtzer
6, rue de la Rohrmatt
F-67510 Obersteinbach
Tél. 00 33 (0) 3 88 / 09 57 42 keine Faxnummer
sturtzer.pierre@orange.fr
www.fermedusteinbach.fr

FERME FRUITIÈRE ROTHGERBER 120
1A, route du Scharrach
F-67310 Traenheim
Tél. 00 33 (0) 3 88 / 50 38 07
Fax 00 33 (0) 3 88 / 50 52 11
rothgerber@pomme.net
www.pomme.net

LA FERME SCHMITT 124
Foie Gras d'Alsace
Gilbert Schmitt
Producteur éleveur
19, rue du Ried
F-67870 Bischoffsheim
Tél. 00 33 (0) 3 88 / 50 26 67
Fax 00 33 (0) 3 88 / 50 74 87
contact@foiegrasdalsace.com
www.foiegrasdalsace.com

H

MICHEL HERRSCHER 192
Production
Boucherie-Charcuterie-Traiteur
12, rue Emile Schwoerer
F-68015 Colmar
Tél. 00 33 (0) 3 89 / 20 42 70
Fax 00 33 (0) 3 89 / 20 42 89
eve.herrscher@herrscher.com
www.herrscher.com

HOSTELLERIE LA CHENEAUDIÈRE RELAIS & CHÂTEAUX 108
Nikolas Decker & Mireille Francois
3, rue du Vieux-Moulin
F-67420 Colroy La Roche
Tél. 00 33 (0) 3 88 / 97 61 64
Fax 00 33 ((0) 3 88 / 47 21 73
cheneaudiere@relaischateaux.com
www.cheneaudiere.com

HOSTELLERIE DE LA CHARRUE 174
4, Rue du 1er Décembre
F-67230 Sand
Tél. 00 33 (0) 3 88 / 74 42 66
Fax 00 33 (0) 3 88 / 74 12 02
info@lacharrue.com
www.lacharrue.com

HOTEL LE BOUCLIER D'OR 92
1, rue du Bouclier
F-67000 Strasbourg
Tél. 00 33 (0) 388 / 13 73 55
Fax 00 33 (0) 3 88 / 13 73 89
contact@lebouclierdor.com
www.lebouclierdor.com

HOTEL LE MARÉCHAL 186
4–6, Place des Six Montagnes Noires
F-68000 Colmar
Tél. 00 33 (0) 3 89 / 41 60 32
Fax 00 33 (0) 3 89 / 24 59 40
info@le-marechal.com
www.le-marechal.com

HÔTEL ET AUBERGE DE L'ILLWALD 176
Familie Schwartz
Le Schnellenbuhl
F-67600 Sélestat
Tel. Hotel 00 33 (0) 3 90 / 56 11 40
Tel. Auberge 00 33 (0) 3 88 / 85 35 40
Fax 00 33 (0) 3 88 / 85 39 18
contact@illwald.fr
www.illwald.fr

HOTEL-RESTAURANT AUBERGE DU CHEVAL BLANC 28
Carole und Pascal Bastian
4, rue de Wissembourg
F-67510 Lembach
Tél. 00 33 (0) 3 88 / 94 41 86
Fax 00 33 (0) 3 88 / 94 20 74
info@au-cheval-blanc.fr
www.au-cheval-blanc.fr

INDEX DES ADRESSES

ADRESSVERZEICHNIS

PAIN D'ÉPICES LIPS *128*
Michel Habsiger
110, rue Principale
F-67140 Gertwiller
Tél. 00 33 (0) 3 88 / 08 93 52
Fax 00 33 (0) 3 88 / 08 53 78
lips.gertwiller@free.net
www.paindepices-lips.com

PÂTISSERIE CHRISTIAN *86*
Familie Meyer
12, rue de l'Outre
F-67000 Strasbourg
Tél. 00 33 (0) 3 88 / 32 04 41
Fax 00 33 (0) 3 88 / 23 09 74

10, rue Mercière
F-67000 Strasbourg
Tél. 00 33 (0) 3 88 / 22 12 70
Fax 00 33 (0) 3 88 / 23 57 44
patisserie.christian@ wanadoo.fr
www.christian.fr

PÂTISSERIE-CHOCOLATERIE *24*
DANIEL REBERT
Chantal & Daniel Rebert
Membre « Relais Desserts International »
7, Place du Marché aux Choux
F-67160 Wissembourg
Tél. 00 33 (0) 3 88 / 94 01 66
Fax 00 33 (0) 3 88 / 54 38 78
patisserie@rebert.fr
www.rebert.fr

PÂTISSERIE GILG *212*
Thierry Gilg
Membre « Relais Dessert International »
11, Grand'Rue
F-68140 Munster
Tél. 00 33 (0) 389 / 77 37 56
Fax 00 33 (0) 3 89 / 77 15 49
info@patisserie-gilg.com
www.patisserie-gilg.fr

PÂTISSERIE JACQUES *228*
Familie Bannwarth
Membre « Relais Dessert International »
1, place de la Réunion
68100 Mulhouse
Tél. 00 33 (0) 3 89 / 66 45 46
Fax 00 33 (0) 3 89 / 44 86 84
michel.bannwarth@wanadoo.fr
www.patisserie-jacques.com

R

RAIFALSA *42*
Alain Trautmann
4, rue de la Gare
F-67580 Mietesheim
Tél. 00 33 (0) 3 88 / 90 31 85
Fax 00 33 (0) 3 88 / 90 16 24
info@raifalsa.fr
www.raifalsa.fr

RESTAURANT *234*
AU CHEVAL BLANC
Patrick Schlienger
17, rue de Hecken
F-68780 Diefmatten
Tél. 00 33 (0) 3 89 / 26 91 08
Fax 00 33 (0) 3 89 / 26 92 28
patrick@auchevalblanc.fr
www.auchevalblanc.fr

RESTAURANT *20*
AU VIEUX MOULIN
Eric Laghi
5, Rue du Moulin
F-67630 Lauterbourg
Tél. 00 33 (0) 3 88 / 94 60 29
Port: 0672437158
elaghi769@aol.com
www.au-vieux-moulin.fr

RESTAURANT DU MARCHÉ *184*
Yves Speeg
20, Place de la Cathédrale
F-68000 Colmar
Tél. 00 33 (0) 3 89 / 41 58 20

RESTAURANT GAVROCHE *78*
4, rue Klein
F-67000 Strasbourg
Tél. 00 33 (0) 388 / 36 82 89
restaurantgavroche@orange.fr
www.restaurant-gavroche.com

INDEX DES ADRESSES

Besondere Adressen für Sie entdeckt

Bremen und Umgebung
144 Seiten, Hardcover
978-3-86528-537-9

Düsseldorf und Umgebung
208 Seiten, Hardcover
978-3-86528-548-5

Linz und Umgebung
192 Seiten, Hardcover
978-3-86528-541-6

Zürich und Umgebung
160 Seiten, Hardcover
978-3-86528-544-7

Berlin und Umgebung
184 Seiten, Hardcover
978-3-86528-477-8

Freiburg und Breisgau
200 Seiten, Hardcover
978-3-86528-514-0

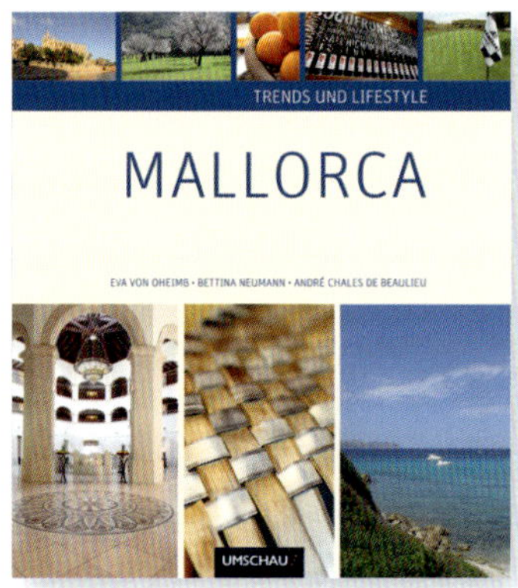

Mallorca
248 Seiten, Hardcover
978-3-86528-524-9

Wipptal und Eisacktal
128 Seiten, Hardcover
978-3-86528-543-0

Bestes Handwerk vom Schwarzwald bis zum Neckar
144 Seiten, Hardcover
978-3-86528-519-5

Bestes Handwerk Wien
160 Seiten, Hardcover
978-3-86528-468-6

Raum & Design München
200 Seiten, Hardcover
978-3-86528-546-1

Faszination Welterbe – Band 1 – Deutschlands Norden
256 Seiten, Hardcover
978-3-86528-545-4

Weitere Empfehlungen für Sie

bau.stil.
Christian Bau
288 Seiten, Hardcover mit Schutzumschlag
978-3-86528-739-7

Wild
Harald Rüssel
208 Seiten, Hardcover
978-3-86528-734-2

Ganz Natürlich
Thomas Dreher
192 Seiten, Hardcover
978-3-86528-747-2

Drunter & Drüber
Das Brotback- und Aufstrichbuch
208 Seiten, Hardcover
978-3-86528-746-5

Klitzekleine Glücklichmacher
Daniela Klein
144 Seiten, Hardcover
978-3-86528-759-5

Schlau kochen
Ein Entdeckerkochbuch für
neugierige Kinder und Erwachsene
264 Seiten, Hardcover
978-3-86528-608-6

UMSCHAU
Die genussvollen Seiten des Lebens

Für weitere Informationen über unsere Reihen wenden Sie sich direkt an den Verlag:

Neuer Umschau Buchverlag
Moltkestraße 14
D-67433 Neustadt / Weinstraße

+ 49 (0) 63 21 / 877-852
+ 49 (0) 63 21 / 877-859
info@umschau-buchverlag.de

Besuchen Sie uns auch im Internet:
www.umschau-buchverlag.de

IMPRESSUM
INFOS EDITEUR

RECHERCHE
Gerlinde Schording-Thiede, Deidesheim

TEXTE
Gerlinde Schording-Thiede, Deidesheim

ÜBERSETZUNGEN *TRADUCTIONS*
Gerlinde Schording-Thiede, Deidesheim

FOTOS *PHOTOGRAPHIE*
Christian Bullinger, Landau

PRODUKTION *PRODUCTION*
komplus GmbH, Heidelberg

GESTALTUNG *CONFIGURATION*
komplus GmbH, Heidelberg

REPRODUKTION *REPRODUCTION*
Gerda Günther, Gelnhausen

KARTE *CARTE*
Trantow Atelier, Grafik & Illustration
Herbolzheim

DRUCK UND VERARBEITUNG
IMPRESSION ET TRAITEMENT
Ninodruck, Neustadt/ Weinstrasse

Printed in Germany
Imprimé en Allemagne
ISBN: 978-3-86528-557-7

Besuchen Sie uns im Internet:
Vous pouvez nous rendre visite sur Internet
www.umschau-buchverlag.de

Wir bedanken uns für die freundlicherweise zur Verfügung gestellten Fotos bei:
Pour les photos aimablement mises à notre disposition, nous adressons tous nos remerciements à

Hotel-Restaurant Le Palais Gourmand:
Seite 34 mitte / *page 34 centre*
Muensterstuwel Strasbourg: Seite / *page 85*
Carola: Seite / *page 142–143*
fotolia: Jonathan Stutz Seite / *page 70; Michael Zimberov* Seite / *page 72; Packshot* Seite / *page 72; tobago77* Seite / *page 73; Alexi Tanzin* Seite / *page 74 + 75; Caroline Schrader* Seite / *page 102+103; Joachim Opelka* Seite / *page 104; Petra Beerhalter* Seite / *page 105; Chlorophylle* Seite / *page 114; Davis Espin* Seite / *page 166; Leonid Andronov* Seite / *page 142–143*

Wir bedanken uns für den freundlicherweise zur Verfügung gestellten Text bei:
Pour les textes qu'elles ont eu l'obligeance de mettre à notre disposition:
Eau Minerale de Ribeauvillé, Carola
Michel Herrscher
Domaine Bott Frères
Domaine Fernand Engel

Wir bedanken uns bei den Tourismus-Büros sowie bei allen, die uns bei der Entstehung dieses Buchs unterstützt haben.
Nous remercions également les offices de tourisme d'Alsace, ainsi que tous ceux qui nous ont apporté leur support.